첫눈에 신뢰를 얻는 사람은 무엇이 다른가

CONVINCE THEM IN 90 SECONDS OR LESS
by Nicholas Boothman

Copyright ⓒ 2002, 2010 by Nicholas Boothman
All rights reserved.

First published in the United States as CONVINCE THEM IN 90 SECONDS OR LESS:
Make Instant Connections That Pay Off in Business and in Life

This Korean edition was published by Galmaenamu in 2012
by arrangement with Workman Publishing Company, Inc., New York
through KCC(Korea Copyright Center Inc.), Seoul.

이 책은 (주)한국저작권센터(KCC)를 통한
저작권자와의 독점계약으로 갈매나무에서 출간되었습니다.
저작권법에 의해 한국 내에서 보호를 받는 저작물이므로
무단전재와 복제를 금합니다.

첫눈에 신뢰를 얻는 사람은 무엇이 다른가

사람을 끌어당기는
심리 대화법

갈매나무

차례

프롤로그 상상력을 지배하는 자가 마음을 얻는다 • 9

1부 매력적인 첫인상의 비밀

01 실패는 없다, 피드백이 있을 뿐… • 18
02 가장 우선적으로 해야 할 일 • 23
03 비슷한 사람을 좋아하는 인간의 본성 • 29
04 사람들이 나를 돕고 싶게 만들어라 • 35
05 상상력을 지배하라 • 40

2부 인간의 본성과 연결되는 새로운 규칙

06 첫인상의 심리학 • 48
07 긴장과 경계를 푸는 방법 • 53
08 눈에 보이는 것 이상을 보는 훈련 • 59
09 몸과 마음은 하나의 시스템이다 • 63

10 태도 실습 게임 • 67
11 설득할 수 없으면 리드할 수도 없다 • 72
12 몸이 하는 말에 주목하라 • 77
13 3V를 일치시켜라 • 80
14 피드백 주고받기 • 86
15 뇌는 긍정형의 정보만 처리한다 • 91
16 뇌의 언어로 말하라 • 96
17 '때문에'의 힘 • 100
18 선호하는 감각에 호소하라 • 104
19 의도적인 라포르 • 108

3부 자연스럽게 협력을 이끌어내는 설득의 심리학

20 네 가지 성격 유형 • 116
21 자신의 약점을 보완해줄 사람을 찾는 일 • 120
22 개성이 충돌할 때 • 125
23 우리를 일으켜 세우는 것, 끌어내리는 것 • 129

24 사람들은 비언어적 메시지에 먼저 반응한다 · 132
25 지금의 이미지를 바꿔야 할까? · 136
26 '빅 아이디어'로 설득하라 · 141
27 "내가 제대로 하고 있는가?"라는 질문에 답하라 · 144
28 10초 안에 전달해야 할 것 · 148

4부 사람을 끌어당기는 심리 대화법

29 대화가 잘 굴러가도록 하는 윤활유 · 154
30 3초 접근법 · 160
31 공통점을 찾아내는 질문의 기술 · 167
32 가슴으로 이끄는 질문 VS 머리로 이끄는 질문 · 174
33 내가 아니라 상대방이 말을 하게 해야 한다 · 179
34 부드럽지만 궤도를 벗어나지 않는 기술 · 184
35 가장 먼저 생각나는 사람이 되라 · 189
36 감정의 흐름을 만들어라 · 193
37 듣는 사람의 마음을 사로잡을 미끼 · 200

38 비즈니스를 할 때 가장 어려운 90초 • 205
39 사람들의 상상력을 끌어오는 방법 • 212
40 '창의적인 내면'에서 나오는 것 • 217
41 이야기는 마음으로 간다 • 221
42 상상력을 자극하는 프레젠테이션 • 227
43 사람들 앞에서 편안해지는 법 • 231

에필로그 "기회는 잡을수록 늘어난다." • 238

| 프롤로그 |

상상력을 지배하는 자가
마음을 얻는다

이 책은 새로운 비즈니스 이론을 다룬 책은 아니다. 당신의 일과 인생이 좀 더 술술 풀리고 성공할 수 있도록 돕는 책, 사람들과 소통하고 관계를 맺는 방법에 대해 설명하고 있는 책이다. 그중에서도 특히 당신이 살면서 만나게 될 고객이나 동료, 직장 상사, 부하직원 혹은 전혀 안면이 없는 타인과의 첫 만남에서 처음 90초에 대한 이야기이다.

'고작 1분 안팎에 불과한데, 그저 좋은 인상만 남겨도 충분한 것 아닌가?' 라고 생각한다면, 지금부터라도 마음을 고쳐먹어야 한다. 어떤 만남이든 그 사람의 본능적인 반응을 불러일으키는 것은 첫 만남의 그 짧은 시간 동안이기 때문이다. 우리는 누군가를 만날 때면 잠재적인 생존 본능이 즉각적으로 발동하여 상대방이 아군인지 적군인지, 나에게 기회를 제공할 사람인지 나를 위협할 사람인지를 판단한다. 그리고 그 판단에 따라 우리의 몸과 마음은 도망을 칠 것인지 싸울 것인지, 아니면 서로 교류할 것인지를 결정한다.

이 책은 첫 만남의 그 짧은 시간 동안 이루어지는 순간적인 판단력에 대해, 그러한 순간적인 판단을 어떻게 이용해야 자신에게 이익이 되도록 할 수 있는지에 대하여 제시하고자 한다. 일단 첫 번째 장애물을 무사히 통과한다면 당신과 상대방 사이에는 기본적인 신뢰가 형성된다. 그러면 이제 개인 대 개인으로서, 좀 더 정확히 말하자면 고유한 개성을 지닌 인간 대 인간으로서 소통이 가능해지는 것이다. 이 책은 또한 상대방과 소통하면서 동기를 부여하고 영향을 미쳐서 마침내 내 편으로 만드는 방법까지 제시하고 있다.

다른 사람과 관계를 맺는 데는 순서와 절차가 있다. 우선은 기본적인 부분에 대한 신뢰가 있어야 한다. 그러면 두 사람 사이에 라포르Rapport(주로 두 사람 사이의 상호 신뢰 관계를 나타내는 심리학 용어)가 형성된다. 그 결과로 생겨나는 것이 바로 '관계'이다. 모든 '관계'는 무한하다고 할 수 있을 만큼 엄청나게 많은 가능성을 내포하고 있다. 어떻게 확신할 수 있냐고? 바로 내가 경험했기 때문이다. 지금의 내 모습은 처음 인생의 여정을 떠나면서 내가 예상했던 모습과는 수억 광년만큼이나 멀리 떨어진, 전혀 다른 모습이다. 그리고 내가 여기까지 올 수 있었던 가장 큰 이유는 사람들과 소통하고 관계를 맺는 능력이 있었기 때문이다.

25년이라는 짧지 않은 세월 동안 나는 패션 광고를 찍는 사진작가로 일해왔다. 그러면서 사람들을 매력적으로 보이게 하는 많은 방법들을 알게 되었다. 비단 전문적인 모델에게만 해당되는 얘기가 아니다. 사업가든 음악가든, 농부든 비행기 조종사든, 나는 누구를 막론하고 내 카메라 앞에 선 얼굴에서 최고의 모습을 이끌어 냈으며, 그들 스스로 자신의 삶에 대해 자신감과 카리스마를 갖도록 만들어주었다.

카메라 앞에 서는 사람들은 누구나 얼굴과 몸에 어떤 표정이나 태도를 지니고 있다. 그리고 거기에는 그들만의 사연과 메시지가 담겨 있다. 나의 역할은 얼굴 표정과 몸짓, 태도, 목소리를 통해 그들의 메시지가 돋보이도록 최고의 상태를 만들어주는 것이다. 이 책에서도 역시 이러한 도구들(얼굴 표정, 몸, 자세, 목소리, 말하는 형식)을 활용하여 90초 안에 좋은 인상을 남기는 것은 물론이고, 의도하는 메시지를 잘 전달할 수 있는 방법까지 설명할 것이다.

> **성공의 8할은 사람들과 소통하고 관계 맺는 능력에 있다.**

물론 그렇다고 당신을 앞에 세워놓고 사진을 찍겠다는 것은 아니다. 다만 나는 당신이 지금 가지고 있는 이미지를 일부 변화시켜서, 앞으로 살면서 만나게 될 낯선 사람들과 쉽고 빠르게 관계를 만들어갈 수 있도록 길을 보여주려는 것이다.

내가 사진을 찍기 시작한 초보 시절에는 스튜디오는 물론이고, 고객들을 따라 런던, 리스본, 마드리드, 뉴욕, 케이프타운, 토론토 등 세계 각지를 돌아다니면서 작업을 했다. 그런데 고객이나 CEO, 모델, 메이크업 아티스트, 광고인, 회계사, 비행기 조종사, 농부, 음악가를 막론하고 누구나 사진 촬영을 할 때는 한자리에 모일 수밖에 없다. 이렇게 생판 모르는 사람들끼리의 어색한 자리지만 그들 중에는 누구를 만나든 처음 만나는 순간부터 마치 오래된 친구를 대하듯 마음을 열고 스스럼없이 관계를 맺는 사람이 있다.

이런 능력을 가진 사람들은 처음 만나는 사람과도 금방 친해지고, 관계를 이내 비즈니스 영역까지 확장시키면서 순식간에 성공의 계단을 올라갔다. 반면에 나머지 대부분의 사람들은 그렇지 못했다. 마음의 문을 꼭꼭 걸어 잠그고 있는 느낌이랄까……. 적어도 내가 그들을 처음 만났을 때 받은 인상은 그랬다. 이처럼 어딘지 모르게 폐쇄적이고 자기 안에 갇혀 있어 다가가기 힘든 사람들은 바로 앞에 찾아온 행운과 기회를 잡지 못한 채 결국엔 뒤처지는 신세가 되고 말았다. 그런데 놀라운 것은 다른 사람들과 관계를 맺는 능력은 그 사람이 지닌 외모나 재능과는 아무 상관이 없다는 사실이었다.

> **❝ 어떤 이들은 타인과 금방 친해지는 능력을 선천적으로 가지고 있다. ❞**

패션 사진작가의 역할 가운데 가장 중요한 것은 모델의 행동과 기분을 잘 관찰하고 파악한 뒤, 멋지게 연출해서 표현해내는 것이다. 이렇게 사람들을 면밀히 관찰하다 보니 사진작가로서 연륜이 쌓였고, 이 과정에서 나는 다른 사람들과 잘 지내게 하는, 혹은 잘 지내지 못하게 하는 행동 양식이 있음을 알게 되었다. 요컨대 어떤 사람들은 타인과 잘 지내는 방식에 따라 행동을 하는 반면, 어떤 사람들은 그렇지 못한 방식으로 행동을 한다는 것이다.

이러한 사실을 깨달을 무렵, 나는 리처드 밴들러Richard Bandler 박사와 존 그라인더John Grinder 박사의 연구를 접하게 되었다. 두 사람은 연구를 통해 인간 행동의 이면에 있는 심리 구조에 대해, 그리고 우리가 자신과 다른 사람을 프로그램화할 때 어떤 식으로 언어를 사용하는지에 대해 이해할 수 있도록 해주었다. 이러한 주제의 연구를 '신경 언어학 프로그래밍Neuro-Linguistic Programming', 줄여서 'NLP'라고 한다. NLP를 통해 우리는 누군가가 어떤 행동을 할 때 왜 그렇게 행동하는지를 알 수 있고, 우리가 던진 말에 우리 자신과 주변 사람들이 왜 그런 반응을 보이는지 이해할 수 있다. 나는 곧바로 밴들러 박사의 연구에 심취하였고 NLP 프랙티셔너 자격증을 취득했다.

그 후로 나는 매일 만나는 사람들의 행동 유형을 파악하기가 아주 쉬워졌다. 특히 대인 관계 능력이 뛰어난 사람들의 접근법과 그렇지 않은 사람들의 접근법이 어떻게 다른지에 대해 쉽게 이해할 수 있었다. 나는 내 분야에서 경력이 쌓이고 인정을 받기 시작하면서부터 대학을 비롯한 각종 단체에서 패션이나 광고 사진에 대한 강연을 자주 하게 되었다. 그런데 오래지 않아 내 강연은 사진에 관한 내용은 5분 정도에 그치고, 나머지 55분은 어떻게 하면 카메라 반대편에 서 있는 피사체와 소통하고 교감하면서 기분 좋게 협조를 이끌어낼 것인지에 대한 내용으로 채워졌다. 그리고 계속해서 항공사와 병원, 대학, 각종 협회에서 같은 내용으로(이때는 사진에 관한 5분간의 이야기조차 빼고) 강연을 해달라는 의뢰가 쏟아졌다. 그리하여 나는 전 세계에 있는 주요 기업들과도 계약을 맺게 되었다.

이렇게 비즈니스 세계에 점차 발을 들여놓고 수천 명의 사람들과 만나고 관계를 맺으면서, 나는 비즈니스에 의한 만남과 관계는 사적인 생활에서의 그것과는 전혀 다른 차원의 문제라는 사실을 알게 되었다. 가령 사생활에서는 만나고 싶은 친구를 선택할 수 있지만, 직장에서는 그 일을 그만두지 않는 한 동료나 부하직원, 직장 상사, 고객과의 관계에서 벗어날 수 없다. 어떠한 상황에서도 이들과의 관계를 유지하고 발전시켜야만 한다. 이 책에는 당신이 좋든 싫든 관계를 맺고 살아가야 할 사람들과 적절한 관계를 만들어가기 위해 알아야 할 모든 것을 제시할 것이다.

> **친구는 선택할 수 있지만, 직장 동료는 선택할 수 없다.**

전문가들의 분석에 따르면 경제적인 성공 요인의 15%는 지식과 기술에 기인한다고 한다. 그리고 나머지 85%는 다른 사람들과 소통하고 관계를 맺는 능력을 비롯해 사람들에게 얼마나 신뢰와 존경을 받느냐 하는 것에 달려 있다고 한다. 다른 말로 하자면 지금 당신에게 주어진 과제가 취업이든, 상품 판매든, 월급 인상이든, 학생을 지도하는 일이든 사람들과 잘 소통하면 성공의 가능성이 높아진다는 이야기다. 한 가지 더 중요한 것은 그것을 빨리! 해야 한다는 것이다. 왜냐하면 대부분의 사람들은 만난 지 90초도 되지 않아 '좋다/싫다', '괜찮아/안 돼'의 의사 결정을 내려버리기 때문이다. 요컨대 어떻게 이 짧은 시간을 잘 운영하여 상대방을 내 편으로 만들 것인지가 당신이 이 책에서 터득해야 할 내용이라 할 것이다.

이를 위해 이 책에서는 비언어적인 행동에서부터 일대일 대화 기술, 그리고 여러 사람과 한꺼번에 관계를 맺는 데 필요한 모든 내용까지 망라하여 다루고자 한다. 또한 오늘날과 같이 극심한 경쟁 사회에서 반드시 필요한 관계 맺기의 기술과 전략, 새로운 관계는 물론이고 기존의 인간관계도 자신에게 유리하게 만드는 방법 등이 두루 소개될 것이다.

이 책 《첫눈에 신뢰를 얻는 사람은 무엇이 다른가》는 모든 관계가 내포하고 있는 잠재력을 극대화하기 위해 당신의 몸짓, 생각, 목소리, 특히 무엇보다 상상력을 최대한 활용하는 방법을 제시할 것이다. 그것이 비즈니스 관계든 개인적이고 사교적인 관계든 당신은 이제 경쟁에서 우위를 차지할 수 있는 확실한 무기를 거머쥐게 될 것이다. 당신이 경험하게 될 긍정적인 변화가 궁금하지 않은가?

인간이란 종족은 본능적으로 다른 사람들과 함께 모이고, 그 안에서 서로 부대끼고 포섭하면서 살아남고 발전하고 사업을 영위한다. 사람들과 관계를 맺고 상대방을 설득해 내 편으로 만들려는 것은 인간의 본능이다.

사람들과 자연스럽게 관계를 맺고 자신의 생각을 설득력 있게 전달하는 능력은 몇 가지 기본적인 규칙이 지배한다. 이 간단한 규칙들만 알면 비 오는 날 고급 택시를 탄 것처럼 아늑하고 편안하게 목적지까지 갈 수 있다. 자, 준비 되었나?

1부
매력적인 첫인상의 비밀

01

실패는 없다, 피드백이 있을 뿐…

　　나는 프랜시스 자비에르 멀둔Francis Xavier Muldoon의 개인 비서로 처음 일을 시작했다. 멀둔은 영국에서 최고의 발행 부수를 자랑하는 주간지인 〈우먼Woman〉의 광고 담당 부장이었다. 그는 1960년대 중반, 경쟁이 극심한 광고 분야에 혜성처럼 나타나 단 3년 만에 최고의 자리에 오른 능력자로 자타가 인정하는 천부적인 사교성을 지닌 인물이었다.

　그런 멀둔의 재능이 고스란히 반영된 것이 지금부터 소개할 '멀둔 복음'이다. 멀둔 복음은 이렇게 시작한다. "성공을 결정짓는 것은 계급이나 자격증, 교육 정도, 혹은 상대방에게 어떤 점심을 샀느냐가 아니라 첫인상이다." 실제로 우리가 누군가를 처음 만날 때, 그 사람을 어떻게 대할 것인지를 결정하는 데는 채 2초도 걸리지 않는다. 그럼 나머지 시간 동안은 뭘 하냐고? 그 시간에는 관계를 더욱 공고히 하면서 앞으로 어떤 식으로 대화를 나눌 것인지를 결정한다.

　멀둔의 이야기는 언제나 놀랄 만큼 간단했다. "일단 당신이 마음에 들면, 사람들은 당신의 좋은 점만을 보려고 할 것이다. 하지만 마음에 들지 않으면, 나쁜 점을 보려고 할 것이다. 이것은 지극히 상식적인 얘기다. 어떤 고객이 당신이 마음에 들었다면 당신이 펄쩍펄쩍 뛰는 모습을 보고 '저 사람, 참 열정적이네'라고 하겠지만, 반대로 당신이 마음에 들지 않았다면 '저 사람 왜 저래, 바보 아냐?'라고 생각하게 될 것이다."

　멀둔의 말이 옳다. 어떤 면접관이 당신이 마음에 들었다면 당신의 점잖고 온순한 성격을 사려 깊다고 여기겠지만, 그렇지 않은 사람이라면 당신에게 유약한 사람이라는 꼬리표를 붙일 것이다. 직장 상사의 경우도 마찬가지다. 당신을 마음에 들어 하는 상사는 당신의 자신감을 배짱 좋고 대담하다고 평하겠지만, 그렇지 않은 사람이라면 당신을 거만한 인간이라고 생각할 것이다. 어떤 사람이 보기에는 천재인 사람이 다른 사람의 눈에는 멍청이로 보이기도 하는 것이다. 이 모든 것이 다른 이들의 눈에 당신이 어떻게 비춰지느냐에 따라 결정된다. 멀둔의 말을 빌자면, "상상력을 지배하라. 그러면 그 마음을 지배할 수 있다"는 것이다. 그는 또 이렇게 말했다. "당신이 어떻게 생각하든 간에, 인생이란 행동의 문제이다. 상상은 감정을 불러일으키고, 감정은 태도를 불러일으키고, 그 태도는 행동을 결정짓는다."

> " 성공을 결정짓는 것은 첫인상이다. "

나는 그전까지 멀둔 같은 사람을 한 번도 만나본 적이 없었다. 당시에 나는 뭔가 흥미진진하고 신명 나는 일을 해보고 싶다는 생각으로 영국 북부에서 런던으로 옮겨갔다. 하지만 막상 그곳에 도착하기 전까지는 그것이 나에게 어떤 의미인지를 제대로 생각해본 적이 없었다.

　　멀둔은 천재였지만 무엇이 그를 그렇게 유능하게 만들었는지 알아내는 데는 시간이 좀 걸렸다. 실제로 그가 시키는 일 중에는 도저히 이해할 수 없는 일들이 종종 있었기 때문이다.(적어도 처음에는 그랬다.) 내가 멀둔의 비서로 일하면서 '이건 정말 미친 짓이야' 라고 생각했던 첫 업무는, 종류별로 분류된 2,467개의 편지 봉투를 붙이고 주소를 쓴 다음 그것을 커다란 자루에 집어넣는 일이었다. 다음 날 오후, 나는 멀둔과 함께 옥스퍼드 스트리트에 있는 통신 판매업체 전무이사의 사무실을 방문했다. 멀둔은 정말 근사해 보였다. 말쑥한 옷차림에 표정은 확신에 차 있었고 즐거워 보이는 모습이었다. 그에 비해 커다란 자루를 짊어진 나는 어디서 시체라도 파내서 도망 나온 도굴범 같은 형상이었다.

　　우리는 사무실로 올라갔고, 멀둔은 예비 고객을 만나자 마치 오래된 친구처럼, 아니 형제라도 만난 것처럼 반갑게 인사를 했다. 멀둔이 나를 비서라고 소개하자, 고객은 우리에게 앉으라고 손짓을 했다.

　　우리는 커다란 앤티크 풍의 책상 앞에 놓여 있는 의자에 앉았다. 자리에 앉자마자 멀둔은 미소를 지으며 이야기를 시작했다. "괜찮으시다면, 잠시 보여드릴 것이 있는데요." 예비 고객은 "네, 그러세요" 하고 살짝 고개를 끄덕였다. 멀둔은 "여기 앉아 있는 닉이 보여드릴 겁니다"라고 말했다. 이제 내 차례가 된 것이다. 말이 떨어지기가 무섭게 나는 책임을 다하겠다는 결의에 찬 표정으로, 바닥에 커다란 녹색 천을 깔고 자루에 들어 있던 내용물을 몽땅 그 위에다 쏟아부었다. 편지가 얼마나 많은지, 바닥에 흘러넘쳐 의자 밑에까지 쌓였다.

우리의 예비 고객은 너무 놀라 어안이 벙벙한 듯 산더미처럼 쌓인 편지들을 바라보고 있었다. 멀둔은 부드럽지만 확고한 목소리로 이렇게 말했다. "저희 〈우먼〉에 광고를 하시면 이 정도의 반응을 얻게 되실 겁니다." 그는 상대방의 주의를 끌 정도로 한동안 말을 멈추었다가 그의 눈을 똑바로 바라보며 말했다. "경쟁사에서는 고객들의 편지를 매일 2,467통씩 받고 있습니다. 〈우먼〉에 광고한 결과이지요. 우리는 귀사를 위해서도 똑같은 일을 해드릴 수 있습니다."

지금까지 걸린 시간은? 딱 90초였다.

멀둔의 법칙

성공을 결정짓는 데 다른 무엇보다 중요한 것은 첫인상이다.

- **상대방의 눈을 바라보고 밝은 미소를 지어라**
  당신의 메시지는 당신의 목소리를 따라가고, 당신의 목소리는 당신의 시선을 따라간다. 눈을 마주치면 그 사람에 대한 신뢰가 생겨난다. 웃고 있는 사람은 행복하고 자신감이 넘쳐 보인다. "대단한데"라는 말을 속으로 세 번만 되뇌어보라. 어떤 경우에도 미소를 지을 수 있을 것이다.

- **카멜레온처럼 상황에 맞추어 변화하라**
  우리는 우리와 비슷한 사람을 만나면 마음이 놓이고 편안해진다. 다른 사람의 몸짓을 따라 하다 보면 그 순간 그 사람과 연결될 수 있다.

- **상상력을 지배하면 그 마음을 지배할 수 있다**
  풍부하고 감각적인 언어와 이미지를 사용하면 상대는 당신이 원하는 것을 보고 듣고 느낄 수 있으며, 심지어는 냄새를 맡고 그 맛을 음미할 수도 있다.

가장 **우선적**으로 해야 **할 일**

02

26주 동안 광고를 게재하겠다는 계약을 맺은 뒤 택시를 타고 사무실로 돌아오는 길에 멀둔은 내게 '멀둔 복음'에 대해 좀 더 가르쳐야겠다고 결심을 한 모양이었다.

"닉, 자네는 좀 전의 일에 대해 어떻게 생각하나?" 멀둔의 말에 나는 이렇게 물었다.

"그런데 그 사람, 전에 한 번도 만난 적이 없는 사람인가요?"

"만난 적 없지."

"하지만 오래된 친구처럼 보이던데요."

"그랬을 거야, 아마." 멀둔은 미소를 지으며 나를 쳐다보았다.

"왜 그랬는지 알겠나?"

"어디서 부장님에 대해 들어서 아는 게 아닐까요?"

"그렇게만 볼 수는 없지. 저기 보조 의자에 가서 앉아보게. 무슨 일이 벌어졌는지 내가 지금부터 설명해줄 테니까."

런던의 택시는 어떻게 보면 커다란 검정색 크래커 깡통에 바퀴가

달린 것처럼 생겼지만, 짐을 싣고 사람이 타도 편안할 만큼 내부가 넓고 편리하다. 뒷자리에는 일자형 의자가 정면을 향해 있고, 스프링 달린 보조 의자 두 개가 놓여 있었다. 나는 그의 앞에 있는 보조 의자를 내리고 그리로 옮겨 앉았다. 나는 키가 컸기 때문에 팔꿈치를 무릎에 올리고 앉아 오른손으로 왼쪽 손목을 붙잡았다. 아마도 얼떨떨하면서도 궁금해하는 표정이 역력히 드러났을 것이다.

멀둔은 창밖으로 마블아치 역에서 쏟아져 나오는 사람들 머리 위에 부슬부슬 내리는 이슬비를 바라보고 있었다. 그는 내 쪽으로 고개를 돌리더니 자세를 고쳐 앉았다. 그러고는 내 눈을 응시하며 씩 웃으면서 손가락 하나를 들어올렸다. "멀둔의 법칙 제1번. 누군가를 만날 때는 미소를 지으며 눈을 바라보라." 그는 고개를 한 번 끄덕이면서 내 반응을 살폈다. 나는 그를 따라 고개를 끄덕였다. 그는 두 번째 손가락을 들어올렸다. "멀둔의 법칙 제2번. 상대방이 당신을 예전부터 알던 사람처럼 편하게 느끼길 바란다면, 카멜레온이 되어야 한다." 무슨 말일까? 어리둥절한 내 표정을 본 그는 잠시만 기다려보라는 듯 손짓을 하고는 세 번째 손가락을 들어올렸다. "멀둔의 법칙 제3번. 상상력을 지배하라. 그러면 마음을 지배하게 될 것이다."

나는 자세를 편안히 고쳐 앉았다. 그의 말이 끝나려면 아직 한참 있어야 할 것 같았기 때문이다. 그 역시 자세를 편안히 했다. "자, 하루에 만나는 사람들 중에 자네의 존재조차 인식하지 못하는 사람이 몇 명이나 될 것 같은가? 자네한테 아예 눈길도 주지 않는 사람들 말일세."

"한 10명 정도 될까요?"

"음……, 그렇다면 자네는 10번의 기회를 놓쳐버린 걸세. 다른 사람과의 관계, 그러니까 자네의 고객이나 동료, 아까 만났던 비서, 여기 택시 기사와의 관계를 최대한 키워나갈 수 있는 가장 싸고 쉬우면서도 효과적인 방법이 뭔 줄 아는가? 그건 바로 웃으면서 상대방의 눈을 바라보는 거라네. 그 이유를 알겠나?"

"그건 그 사람이 솔직하다는 걸, 또 상대방에게 관심이 있다는 걸 말해주기 때문이 아닐까요?" 말을 하면서도 대답이 어쩐지 충분치 않다는 느낌이 들었다.

> 돈 들이지 않고 다른 사람과 관계를 트는 가장 쉽고도 효과적인 방법은 상대방의 눈을 바라보는 것이다.

"그래, 맞아. 좋은 대답이야. 하지만 그게 다는 아니지. 자네가 좋아하는 TV 앵커가 있다고 치자고. 그런데 그 사람이 만일 고개를 숙인 채 뉴스만 읽어 내려간다거나 계속 창밖만 쳐다보고 있다면, 그 사람을 진심으로 받아들일 수 있을까?"

"글쎄요, 그렇지 않을 것 같은데요." 그건 확실했다.

"그럼 그가 전하는 뉴스는 어떨까?"

"억지로 보려고 노력하지 않는 한, 아마 흥미를 잃어버리겠죠."

"자네의 눈길이 닿는 곳에 목소리가 따라가고, 목소리가 가는 곳에 메시지가 따라가는 것이라네. 누군가를 만났는데, 그 사람이 자네에게 눈길도 주지 않는다면 기분이 어떻겠나? 반대로 자네의 눈을 성실하게 응시한다면 어떨지 생각해보게. 자네가 어떤 사람과 이야기를 나누고 있는데, 그 사람이 다른 쪽을 쳐다보거나 다른 사람을 보고 있다면 어떤 기분이 들까?"

눈을 마주치는 것은 비언어적인 커뮤니케이션 방법 가운데 가장 중요한 수단이다. '눈은 마음의 창'이라는 말을 들어봤을 것이다. 나는 '눈은 기회의 창'이라고 말하고 싶다. 눈을 마주 본다는 것은 무의식중에 보내는 신뢰의 표시이기 때문이다. 우리가 누군가와 관계를 맺으려 할 때 확인해야 할 결정적인 질문—저 사람이 지금 내가 하는 말에 제대로 집중하고 있는 걸까? 이 사람은 내가 매력적이라고 생각하는 걸까? 이 사람은 나를 좋아하는 걸까?—에 대한 대답 또한 눈에서 찾을 수 있다.

사회나 직장에서도 눈을 마주치는 방식의 미묘한 차이가 많은 것을 말해준다. 예를 들어 누군가가 눈을 가늘게 뜨고 아래쪽을 쳐다본다든지 한쪽으로 살짝 고개를 돌리고 계속해서 바라본다면, 그것은 그 사람이 뭔가 사적인(또는 긴밀한) 대화를 따로 나누고 싶다는 의미로 읽을 수 있다. 눈은 우월감을 나타내기도 하고(이럴 때는 대개 고개를 빳빳이 들고 있다), 적대감을 나타내기도 한다.(이럴 때는 시선을 고정한 채 빤히 쳐다본다.) 이와 반대로 눈길을 돌리는 것은 마음이 약하거나 회피하고 싶다는 의미일 수 있다. 그러므로 누군가와 중요한 일을 상의할 때는 내 눈이 상대방에게 무슨 말을 하고 있는지 세심하게 주의를 기울여야 한다.

그때 멀둔은 나를 똑바로 쳐다보며 천천히 부드럽게 말했다. "눈은 권위를 드러내주고, 자네의 메시지에 방향과 의미를 부여함과 동시에 상대방이 자네를 주목하게 만드는 힘이 있지." 그가 나를 내려다보자 나는 그 시선을 피해버렸다.

"알겠나?" 그는 재차 물었다.

"네." 나는 열심히 고개를 끄덕거렸다.

"그렇다면 한번 웃어보게." 그의 말에 나는 웃는 척을 했다.

"그게 뭔가?" 황당한 표정으로 그가 물었다.

"일부러 웃는 건 잘 못하겠어요."

"자존심 때문에? 아니면 실없어 보일까 봐?"

"멍청해 보일 것 같아서요."

"글쎄, 배워두는 게 좋을 거야. 눈을 맞추는 것만으로 다 되는 건 아니거든. 자네가 가진 최고의 모습을 보여주는 가장 빠른 방법은 웃는 거야. 한번 웃어보게. 그러면 세상도 자네를 향해 웃어줄 테니. 웃는다는 것은 '나는 다가오기 쉬운 사람입니다', '나는 행복합니다', '나는 자신감에 차 있습니다'라고 말하는 것과 같은 거지. 성공하려면 그런 얕은 자존심 따위는 버려야 하네."

눈동자 색깔 기억하기

하루 날을 잡아서 그날 만난 사람들의 눈동자 색깔을 찬찬히 떠올려보자. 색을 일일이 다 기억할 필요는 없다. 다만 주의를 기울여보라는 것이다. 그 정도면 충분하다. 너무 간단하지 않은가? 다른 부담 없이 이 간단한 훈련 하나만으로도 자신감을 키우는 것은 물론이고, 상대방과 시선을 마주하고 관계를 만들어가는 기술을 크게 향상시킬 수 있다.

이 훈련은 고객과의 유대를 쌓는 데도 적용할 수 있다. 가령 안내데스크 직원에게 지금 손님 중에 검은 눈을 가진 고객이 더 많은지, 갈색 눈을 가진 고객이 더 많은지를 조사해보라고 하면 그들의 행동과 그에 따른 고객의 반응은 눈에 띄게 달라진다. 레스토랑이든 은행이든, 호텔이든 불문하고 이러한 훈련은 놀라운 효과를 발휘한다.

03

비슷한 사람을 좋아하는 인간의 본성

멀둔을 안 지 불과 3일밖에 지나지 않았지만, 나는 그가 영업부를 휘저어놓는 것을 보았고, 편집부와 미래 전략에 대해 생산적인 토론을 하고, 단숨에 계약을 성사시키는 모습을 지켜볼 수 있었다. 그리고 택시를 타고 사무실로 돌아가는 지금, 나는 이 사람을 평생 알고 지낸 것 같은 느낌이 든다. 이유는? 멀둔 법칙 제2번 때문이었다.

"지금 기분이 어떤가?" 그가 물었다.

"좋습니다" 하고 대답하자, 멀둔은 '애걔' 하는 표정으로 눈썹을 살짝 추어올렸다.

"그러니까……, 실은 엄청나게 기분이 좋습니다."

"그럴 줄 알았어. 내가 그걸 어떻게 아는지 알겠나?"

"그야 제가 지금 웃으면서 고개를 끄덕이고 있고, 또 훌륭한 강의를 듣고 있으니까요. 맞죠?"

"그렇지. 하지만 그뿐만이 아니야. 지금 자네가 어떻게 앉아 있는지를 한번 보게." 아래를 내려다보니 나는 오른쪽 어깨를 택시에 기대고 팔짱을 낀 채 턱이 왼쪽 쇄골에 닿을 듯한 자세로 앉아 있었다.

"자, 이제 내가 어떻게 앉아 있는지를 보겠나?" 미처 몰랐는데, 그의 말을 듣고 보니 그는 나와 똑같은 자세로 앉아 있었다. 마치 거울을 보는 것 같았다.

"서로 가깝게 지내는 사람들을 보면 행동 면에서 어떤 특징이 있는 줄 아나?" 나는 모르겠다는 듯이 고개를 가로저었다. 멀둔도 똑같이 고개를 가로저었다.

"서로 닮아가는 걸세. 같은 방식으로 앉고, 같은 톤으로 말을 하는 거지. 오늘 갔던 통신 판매 회사에서도 마찬가지였어. 그 사람이 고개를 갸우뚱하면 나도 고개를 갸우뚱하고, 그 사람이 긴장하는 듯하면 나도 긴장을 하고, 그 사람이 마음을 놓으면 나도 마음을 놓았지. 나는 나의 행동과 태도와 표현을 모두 그때그때 상황에 맞춰서 바꾼 거야. 모든 걸 그 사람한테 맞춘 거지."

"카멜레온처럼 말이죠?"

"그렇지. 지금도 보게. 자네는 전혀 눈치채지 못했지만 나는 자네 행동을 똑같이 따라 하고 있었거든. 그래서 자네가 자기도 모르는 사이에 마음이 편안해진 거야."

"아, 아까도 그래서 서로 아는 사람들처럼 보였던 거군요." 나는 비로소 감을 잡았다.

멀둔의 말이 옳았다. 우리는 상대방에게 맞추는 법을 본능적으로 알고 있다. 지금까지 늘 그렇게 살아왔기 때문에 카멜레온이 되는 방법을 이미 알고 있는 것이다. 우리는 다른 사람의 행동을 따라 함으로써 배운다. 내가 당신을 보고 웃으면, 당신도 웃어주는 게 인지상정이다. 마찬가지로 내가 "좋은 아침" 하고 인사하면, 당신도 똑같이 "좋은 아침"이라고 대답할 가능성이 십중팔구다. 이렇게 인간은 상대방의 행동을 따라 하고 비슷하게 화답하는 성향을 지니고 있다. 이것이 바로 인간 뇌의 한 부분을 이루는 대뇌변연계limbic system의 '동조synchrony'다.

> 태어나면서부터 우리는 무의식적으로 자신을 주변과 동조시켜왔다. 이제는 의식적인 동조를 시작해야 할 때다.

한 인간으로 성장하고 발전해가면서 우리의 행동은 끊임없이 주변 사람들로부터 영향을 받는다. 같이 밥 먹고 생활하는 사람들의 매너를 따라 하면서 사회적 예절을 배운다. 이 과정에서 말투에서부터 행동, 심지어 지식까지도 비슷해진다. 어떤 사람이 우리의 말투나 행동을 그대로 따라 하는 것을 보면 대체로 반갑고 기분이 좋다. 다른 사람이 배우길 바라며 했던 말이나 행동을 그들이 실제로 배웠기 때문이다. 이렇게 우리는 자신과 비슷한 사람들을 좋아한다. 그들이 우리와 같은 것을 배웠다는 사실이 우리에게 익숙하고 편안한 느낌을 주는 것이다.

실제로 태어나면서부터 우리 인간은 감정적이고 육체적인 피드백에 반응하여 자기 자신을 상대방과 동조시켜왔다. 아기는 엄마의 신체 리듬을 따라가고, 어린이는 같이 노는 친구들에게 영향을 받는다. 십대들은 또래들의 취향에 자신을 맞추려 하고, 어른들 역시 같이 어울리는 친구에 따라 관점이나 취향이 현저하게 달라지곤 한다. 대체로 우리는 우리와 비슷한 사람과 함께 있는 것을 좋아하고, 그럴 때 편안함을 느낀다. "나는 너를 좋아해"라는 말을 들여다보면, 실제로는 "나는 너랑 비슷해. 우린 같은 과야"라는 의미를 담고 있는 경우가 많다.

동조는 우리가 한 천에서 떨어져 나온 같은 옷감이고, 한 무리의 일부라는 느낌이 들게 한다. 만약 우리와 비슷한 사람을 보면, 그러니까 행동이나 옷차림 또는 말투가 같은 사람들을 만나게 되면 우리의 마음은 '저 사람, 나랑 같은 과네'라고 속삭이게 된다. 이는 교회에서는 소리를 지르지 않고 야구장에서는 속삭이지 않는 것과 같은 이치다. 그 정도로 간단한 일이다. 그렇기 때문에 그때그때 상황에 맞추어 우리 자신을 적응시킬 때 가장 성공적인 결과를 얻을 수 있다.

요점은 무엇인가? 우리가 의식적으로 행동과 태도, 표정을 상대방에게 맞추어주면 그들이 편안함을 느낀다는 것이다. 그러면 왠지 친근함을 느끼고 자연스레 우리를 좋아하게 된다는 것이다.

출세하는 사람들을 보면, 그 회사나 업계에 아는 사람이 많은 경우가 대부분이다. 그들은 많은 사람들과 연결되어 있고 회사 내에서도 다양한 네트워크를 형성하고 있기 때문에, 차츰 회사에서 없어서는 안 될 중요한 인물이 된다. 이런 사람들이 승진도 빠르다. 꼭 일을 제일 잘해서라기보다는 그들이 하는 일을 많은 사람들이 알고 있으며, 그 성과가 널리 인식되기 때문인 경우가 많다. 바로 이런 사람들이 카멜레온이다.

어느덧 러시아워가 되었다. 택시는 옴짝달싹 못하고 제자리에 서 있었다. 사무실에 도착하려면 최소한 30분은 더 걸릴 듯했다. 밖은 점점 어두워지고 있었다.

"배고프지 않나?" 멀둔이 물었다.

"아뇨, 별로요." 나는 멀둔의 얘기를 더 듣고 싶은 마음에 당장은 뭘 먹어야겠다는 생각이 들지 않았다. 그보다는 어서 멀둔의 세 번째 법칙에 관해 좀 더 자세히 듣고 싶었다. 멀둔은 갑자기 고개를 돌리더니 뒤쪽 창문을 가리켰다.

> 일을 잘하는 것도 중요하지만 내가 하는 일을 많은 사람들이 알게 하고 그 성과를 인식하게 하는 것도 중요하다.

"저기 코너에 커다란 구식 가로등이 있는 벽돌 건물 보이나?" 몸을 약간 숙이자 그 건물이 눈에 들어왔다.

"네, 보여요. 그런데 왜 그러시죠?"

"어젯밤에 거기 갔었거든. '벤틀리'라고, 기자나 광고쟁이들이 일을 마치고 한잔씩 하러 들르는 곳이지. 친구들과 어제 거기서 저녁을 먹었는데, 음식 맛이 정말 끝내줘. 전채 요리로 안초비 소스를 뿌린 시금치 수플레를 시켰더니, 직접 구운 따뜻한 빵과 함께 가져다주더군. 빵이 얼마나 바삭바삭하던지……. 수플레는 또 어찌나 부드럽던지 입에서 그냥 살살 녹더라고. 메인 요리로는 으깬 감자와 완두콩을 곁들인 통후추 스테이크를, 마지막으로 디저트로 달콤한 크레페 슈제트를 먹고 빈티지 브랜디를 마셨다네."

조금 전에 배가 고프지 않다고 누가 그랬지? 2분 전만 해도 나는 정말 전혀 배가 고프지 않았다. 그런데 순식간에 배가 고파 죽을 지경이 되었다. 그가 말한 으깬 감자와 스테이크가 먹고 싶어 침이 질질 흘렀다. 생각하면 할수록 점점 더 먹고 싶어졌다. 그 음식들이 눈에 보이고 귀에 들리는 듯, 맛과 냄새와 질감이 느껴지는 듯했다.

"부장님 때문에 갑자기 배가 고파지네요!"

"아니, 나는 그저 자네의 상상력을 자극해서 감정을 불러일으킨 것뿐이야. 이런 경우에는 식욕이라고 해야 하나." 멀둔은 미소를 지었다.

그때 섬광처럼 뇌리에 스치는 것이 있었다.

"아까 그 고객에게도 이런 식으로 상상을 불러일으킨 거로군요! 우리가 바닥에 편지를 모두 쏟았을 때, 그 고객은 자신이 꿈꿨던 성공적인 광고의 결과를 머릿속에 그릴 수 있었던 거예요."

04
사람들이 나를
돕고 싶게 만들어라

역방향으로 놓인 택시 보조 의자에 앉아 가려니 배가 더 꼬르륵거리는 것 같았다. 키가 180cm가 넘는 나에게 보조 의자는 여간 불편한 것이 아니었다. 그래서 나는 원래 앉아 있던 그의 옆 자리로 자리를 옮겼다. 멀둔은 서류에 완전히 몰두해 있었다. 나는 의자에 걸터앉아 다리를 쭉 뻗고 창밖을 내다보았다.

나는 멀둔을 슬쩍 쳐다보다가 문득 궁금해졌다. 이 사람은 앞으로 어떻게 살아갈까? 여기 있는 이 남자는 나이가 내 나이의 두 배지만 ―그때 나는 스물한 살이었다― 무슨 일이든 새롭게 시작할 수 있는 사람이다. 그는 자신만만하면서도 침착하고 매력적이다. 그의 말은 모든 것이 너무나 명확하다. 나는 왜 진작 이런 생각을 하지 못했을까? 상대방의 눈을 바라보고 얘기하면 누구든 자신이 인정받고 있다는 느낌을 갖고 서로 소통하고 있다는 생각을 갖게 될 것이다. 자신과 비슷한 사람을 만나면 편안해지고, 서로 관계가 있다는 느낌이 들면 존중하는 마음이 생기는 게 당연하다.

감정을 불러일으키는 열쇠가 상상력이라는 사실에는 의심할 여지가 없다. 결국 우리는 모두 상상력 안에서 살고 있지 않은가. 미래를 상상하지 않으면 과거에 사로잡히고 만다.

갑자기 운전석과 뒷자리를 가로막고 있는 유리문이 열렸다. "손님, 죄송합니다. 앞에서 사고가 난 모양이에요. 곧 길이 뚫릴 것 같긴 한데요."

"듣던 중 반가운 소리네요." 나는 비꼬듯이 말했다.

"길이 막히는 게 내 잘못은 아니지 않소?" 운전사는 쾅 소리가 나게 문을 닫아버렸다. 그의 말이 맞았다. 그의 잘못이 아니었다. 내가 배가 고픈 나머지 나도 모르게 짜증을 낸 것이다.

"괜찮습니다. 알려주셔서 감사합니다." 운전사를 향해 멀둔은 이렇게 말하고는 이내 화가 난 표정으로 나를 쏘아보며 야단을 쳤다.

"첫인상 한번 좋게 남겼구먼. 자네, 지금 운전사와 어쩌겠다는 건가, 싸우기라도 하겠다는 건가?" 이렇게 하여 오늘 밤 멀둔이 내게 가르쳐줄 것이 한 가지 더 늘어났다.

"자네 생각에는 어떻게 해야 우리가 더 빨리 갈 수 있을 것 같은가? 운전사 양반의 말을 존중하는 게 낫겠나, 아니면 머리통을 날려버리겠다고 협박을 하는 게 낫겠나?"

멀둔은 당황해서 어쩔 줄 모르는 나를 보고 피식 웃으며 말했다.

"나 원 참, 그만두세. 성공한 사람들이 공통적으로 알고 있는 사실이 뭔 줄 아는가? 다른 사람에게서 자신이 원하는 것을 얻어내려면, 그들이 나를 돕고 싶어 하도록 만들어야 한다는 걸세. 사람들을 움직여 뭔가를 하게 만드는 데는 여섯 가지 방법이 있지. 법이나 돈을 이용하는 방법, 감정적으로 강요하거나 물리적인 힘을 사용하는 방법, 육체적인 아름다움으로 유혹하는 방법, 그리고 마지막으로 설득하는 방법이 있다네. 그중에서 가장 효과적인 방법이 바로 설득이야. 완전히 차원이 다른 접근이지.

설득은 다른 어떤 방법보다 강력하고 빠르고 비용도 적게 들지만 결과는 훨씬 효과적이지. 법적으로 압박하거나, 금전적으로 매수하거나, 감정적으로 강요하거나, 물리적인 힘을 행사하거나, 미모로 유혹하거나 하는 것들과는 비교가 안 돼. 그런데 좀 전에 자네가 한 것처럼 첫인상을 망쳐버리면 협상 테이블에서 설득을 해볼 기회가 날아가 버리고 마는 거야. 그렇게 되면 다른 방법을 동원해서 문제를 해결하는 수밖에 없는데, 이제 저 택시 기사는 자네가 맘에 들 리가 없지 않은가.

> 사람들을 움직여 뭔가를 하게 만드는 데는 여섯 가지 방법이 있다. 그중에서 가장 효과적인 방법은 설득이다.

윈스턴 처칠Winston Churchill은 이런 말을 했다. "설득은 최선의 사회 통제 수단이다." 아리스토텔레스는 설득이 제대로 효과를 발휘하려면 세 가지 요소가 반드시 포함되어야 한다고 강조했다. 신뢰, 논리, 그리고 감정이다. 다시 말해 누군가를 설득하려면 신뢰

할 수 있는 태도(보디랭귀지와 목소리)와 외모로 먼저 좋은 인상을 심어줘야 하고, 그 다음엔 명백한 논리를 가지고 접근해야 하며, 마지막으로 상대방의 감정을 이끌어내야 한다는 것이다.

이는 지금 당신이 레이저 기계를 팔고 있든지, 고객이 말한 프랑스 와인이 아닌 칠레 와인을 추천하고 있든지, 대통령으로서 국회 연설을 하고 있든지 상관없이 모두에게 적용되는 얘기다. 요컨대 사람들에게 신뢰를 주고 이치에 맞는 말을 하고, 더 나아가 그들의 마음을 움직일 수 있어야 한다. 명심하라. 상대를 제대로 설득하려면 이 모든 것을 하나도 빠짐없이, 그것도 신속하게 수행해야 한다는 사실을 말이다.

그런데 커뮤니케이션을 한다는 것은 정확하게 어떤 의미일까? 만약 납품업체에 기한을 주고 어떤 물건을 주문했는데 그 일이 계획대로 되지 않았다면, 나의 커뮤니케이션은 실패한 것이다. 이때 커뮤니케이션의 성공 여부에 대한 책임은 100% 나에게 있는 걸까? 그렇다. 비즈니스에서, 혹은 생활 속에서 어떤 커뮤니케이션이 유효했는지 여부는 결과를 보고 판단하게 되기 때문이다.

납품업체가 물건을 제대로 납품하지 않았다면, 나는 이제 무엇을 해야 할까? 우선 그 업체에 연락을 해서 어떻게 된 일인지 물어보고, 다시는 이런 일이 발생하지 않도록 약속을 받아둬야 할 것이다. 그런데 이런 일이 또 벌어진다면? 그때는 큰소리로 불평을 하고 고함을 지르거나, 애걸복걸하거나 하는 방법이 있을 것이다. 아니면 기존의 방식을 바꿔서 뭔가 다른 일을 할 수도 있다. 아예 납품업체를 바꿔버린다든지 하는 식으로 말이다. 그러고 나서도 원하는 결과를 얻지 못한다면? 원하는 결과를 얻을 때까지 계속해서 방향을 바꿔 나가야 한다. 다른 결과가 나오길 기대하면서 같은 일을 계속해서 반복하는 건 헛수고일 뿐이다.

설득의 세 가지 조건

설득이란 당신이 원하는 것을 다른 사람이 하고 싶어 하게 만드는 것이다. 설득이 효과를 얻으려면 다음 세 가지 요건이 충족되어야 한다. 믿음이 가는 첫인상, 명백한 논리, 그리고 감정적 이끌림이다.

- **믿음** 믿음은 당신의 직함(말하자면 '총지배인' 같은)이나 자격증 또는 명성보다 우선한다. 이러한 믿음은 처음 만났을 때의 태도(보디랭귀지, 목소리)와 외모를 통해 형성된다.
- **논리** 당신이 취하는 입장이나 관점, 또는 프레젠테이션하는 내용이 타당하고 이치에 맞아야 한다.
- **감정** 당신의 주장은 상대방의 상상력을 건드려야 한다. 그래야 감정에까지 이를 수 있다.

이 세 가지 요소 모두가 충족되어야만 상대방은 이렇게 느끼게 된다. 상대가 개인이든 소모임이든, 혹은 불특정 다수든 마찬가지다. '나는 당신을 믿어요. 당신의 이야기는 이치에 맞고, 내 마음을 움직이게 하는군요.' 여기에서 중요한 사실은 믿음이 그중에서도 첫 번째라는 점이다.

05

상상력을 지배하라

한 가지 명백한 사실은 우리가 하는 모든 행동은 하나의 고리로 연결된 피드백 루프feedback loop로서 '계획-실천-피드백'의 과정을 반복한다는 것이다. 사람은 뭔가 원하는 것이 생기면 그것을 얻기 위해 노력한다. 실패한 경우에는 같은 방식으로 다시 한 번 시도해보거나 첫 번째 실패에서 알게 된 사실을 반영해서(피드백), 전략을 바꾸어 다시 시도한다. 두 번째 시도에서 더 많은 피드백을 얻게 되면 또다시 계획을 수정하고 개선해가면서 원하는 것을 얻을 때까지 계속 점검하고 실행한다. 한 번 해보고 고치고, 다시 해보고 또 고치고…….

실패란 없다. 오로지 피드백이 있을 뿐이다. 그렇게 하다 보면 이런 공식을 얻게 된다. 1) 당신이 원하는 것이 무엇인지를 파악하라.(이때 되도록이면 긍정적인 표현을 사용하라. "나는 말다툼을 원하지 않는다"가 아니라 "나는 협동을 원한다"라고 하자.) 그리고 2) 당신이 얻게 된 것이 무엇인지를 점검하고, 3) 원하는 것을 얻게 될 때까지 전략을 수정하라.

"저기 있는 간판 보이지?" 멀둔이 다시 켄터키 프라이드 치킨 체인점을 가리키며 말했다.

"안을 보게. 사람들로 꽉 차 있지. 저런 지점이 전 세계 곳곳에 있다네. 그들의 성공 비결이 뭔지 알겠나? 사람들이 저기에 가서 먹고 싶은 마음이 들도록 설득을 했기 때문이야. 적정한 가격에 맛있는 음식을 편리하게 먹을 수 있다는 신뢰를 심어주고, 그 약속을 지키고 있기 때문에 세계적인 브랜드가 된 거지. 브랜드란 고객과 약속을 하고 그것을 지켜내는 과정에서 만들어지는 것이니까."

"일단 상상력을 장악했기 때문에 고객을 끌어들이게 되었다는 말씀이죠?"

"바로 그거야. 강요나 협박이 아니라 설득을 통해 그렇게 만들었다는 거지. 아무도 저기에 가서

> 어떤 상황에서든 자신이 원하는 것이 무엇인지를 명확하게 알아야 한다. 그것이 가장 우선적으로 해야 할 일이다.

치킨을 먹으라고 강요하지 않아. 강요란 자네가 원하는 일을 다른 사람이 하도록 시키는 것이고, 설득이란 자네가 원하는 일을 다른 사람이 하고 싶게 만드는 것이지. 다른 사람의 꿈에 들어가, 그들의 꿈을 실현하는 것이 곧 자네의 제품이나 서비스 혹은 자네에게 도움이 되는 다른 목적과 연결되도록 만들어야 해. 그들이 그것을 보고, 듣고, 느끼고, 원하도록 만들어야 한다는 거지." 멀둔은 계속해

서 열변을 토했다. 정말 좋은 얘기들이었지만, 나의 배고픔은 가시지 않았다.

그는 말을 멈추더니 잠시 주위를 둘러보았다.

"저 치킨 체인점 잘 봤지?" 우리가 탄 택시는 5분 동안 꼼짝도 하지 않고 제자리에 서 있었다.

"네, 잘 봤습니다만……."

"자, 이것 보라고. 커뮤니케이션에 성공하기 위해서는 세 가지 주의할 점이 있는데, 저 치킨점을 떠올리면 기억하기 쉬울 거야. 그게 바로 'KFC' 거든. K: 먼저 자신이 무엇을 원하는지를 알고 know what you want, F: 지금 무엇을 갖고 있는지를 파악하고 find out what you're getting, C: 원하는 바를 얻을 때까지 행동 방식을 바꾼다 change what you do until you get what you want. 알겠나?"

나는 지금 내가 원하는 것이 무엇인지 정확히 알고 있다. 요동치는 뱃속을 달래줄 음식이다! 이렇게 치킨점 매장만 쳐다보는 것으로는 아무런 도움이 되지 않는다. 멀둔은 대체 왜 내게 이런 말들을 하는 걸까?

"네, 알겠습니다. 그런데 그게 지금 저한테 무슨 소용이에요?"

그 순간 불현듯 깨달았다. 멀둔은 나를 시험하고 있었던 것이다. 일부러 나의 상상력을 자극해서 배가 고프게 만들고, 음식점을 가리키면서 거기가 깨끗하고 편리하다는 정보를 준 것이다. 그리고는 내가 원하는 것이 무엇인지를 알고, 지금 갖고 있는 것이 무엇인지를 파악하고, 원하는 것을 얻을 때까지 계속해서 행동 방식을 바꾸라는 메시지를 전달했다. 그런 다음 내가 과연 어떻게 행동할지를 지켜보고 있었다.

"멀둔 씨."

"그냥 프랭크라고 부르게."

"프랭크, 저 배고파 죽겠어요."

멀둔은 빙긋이 웃었다. "알고 있어. 그래서 이제 어쩔 작정인가?"

나는 고개를 돌려 창밖을 바라보았다. 러시아워라 그런지 앞뒤로 꽉 막혀 있는 차들이 움직일 생각을 하지 않았다. 퇴근 시간 전에 사무실에 도착하기는 이미 틀린 것 같았다. 내가 다시 멀둔을 쳐다보자 그는 문고리를 잡아당겨 차 문을 열어주면서 내게 말했다. "그럼 잘 가게. 내일 보세."

> **강요는 내가 원하는 일을 다른 사람이 하도록 시키는 것이고, 설득이란 내가 원하는 일을 다른 사람이 하고 싶게 만드는 것이다.**

그 순간이야말로 나에게는 진실의 시간이었고, 논리와 감동을 동시에 맛보는 순간이었다. 나는 바보처럼 활짝 웃으며, 편지가 담긴 가방을 챙겨 그의 앞을 지나 현실 세계로 나갔다. 멀둔은 문을 닫기 전에 눈을 반짝이며 내게 가까이 와보라고 손짓을 했다. 고개를 앞으로 숙였더니 차가운 빗방울이 목덜미에 떨어졌지만 나는 계속 웃고 있었다. "오늘은 간단한 기술을 가르쳐줬으니, 다음번에는 핵심적인 내용을 전수하도록 하지. 오늘 수고 많았네."

그러는 동안 정체가 풀렸고 택시가 움직이기 시작했다. 그 순간 내 머릿속에는 '아, 우산만 있었어도 으깬 감자를 곁들인 통후추 스테이크를 먹으러 가는 건데' 하는 생각뿐이었다. 그날 나의 저녁메뉴는 당연히 프라이드치킨이었다.

몇 년이 지난 어느 날 아침, 〈월스트리트 저널〉에 켄터키 프라이드치킨이 이름을 'KFC'로 바꾼다는 기사가 났다.

> K: 자신이 무엇을 원하는지 알라 Know what you want.
> F: 지금 자신이 무엇을 갖고 있는지 점검하라 Find out what you're getting.
> C: 원하는 것을 얻을 때까지 전략을 바꿔라 Change what you do until you get what you want.

원하는 것을 얻었는지 어떻게 알 수 있을까?

눈을 감고 '미래의 기억'을 만들어보자. 앞으로 있을 법한 특별한 순간을 그려보는 것이다. 그때의 광경은 어떤 모습이고, 어떤 소리와 어떤 느낌일까? 어떤 냄새와 어떤 맛으로 느껴질까? (이 책의 2부에서는 뇌가 사용하는 원초적인 언어는 우리가 가진 감각들, 즉 보이는 것, 들리는 것, 느껴지는 것에서 비롯된다는 내용이 나올 것이다.)

잠재의식이 갖고 있는 무한한 구성력은 추상적이고 불특정한 언어로 이루어진 목표를 접할 때보다 원하는 것을 보고, 듣고, 느낄 수 있을 때 더 큰 힘을 발휘한다. "나는 행복해지고 싶어"라는 말과 "조용한 곳에서 일을 하면 일도 더 잘되고 좋을 거야"라는 말 중에 어느 쪽이 더 이루어지기 쉬울까? 당연히 후자의 경우다.

잠재의식에게 당신이 달성하려는 목표가 어떤 모습이고, 어떤 소리가 나고, 어떤 느낌이 드는지 구체적으로 말해보라. 훨씬 쉽고 효과적으로 그 목표를 달성할 수 있을 것이다.

낯선 사람에게 "안녕하세요" 하고 인사하면 그 사람은 무의식중에 여기서 달아날 것인지 싸울 것인지, 아니면 그냥 상대할 것인지를 결정한다. 눈 깜빡할 사이에 머릿속에서는 수십 가지의 판단이 이루어지는 것이다. 간혹 이런 말을 들어보았을 것이다. "그녀를 처음 본 순간, 나는 그녀를 좋아하게 되었어요." 대체 어떻게 이런 일이 가능한 것일까?

이유는 그것이 바로 인간이라는 동물의 본능적인 부분이기 때문이다. 일단 '좋다/싫다'라는 필터가 작동하기 시작하면, 그 외에 다른 것들은 모두 처음 만난 그 순간의 판단에 의해 영향을 받는다. 만약 내가 당신을 좋아한다면 나는 당신에게서 좋은 점만 보려 할 것이고, 당신은 잘못이라고는 찾아볼 수 없는 사람이 된다. 그런데 반대로 내가 당신이 마음에 들지 않는다면, 당신은 졸지에 제대로 하는 일이 하나도 없는 사람이 될 수도 있다. 사람들이 이런 순간적인 판단을 내리는 것을 막을 수는 없다. 다만, 그러한 판단이 우리에게 유리하게 작용하도록 만들 수는 있다.

2부에서는 새로운 규칙들에 대해 다룰 것이다. 이 규칙들은 앞에서 소개한 '멀둔의 법칙'과 과학자나 전문가들의 연구 결과, 그리고 나의 호기심이나 궁금증을 해결하는 과정에서 알게 된 진실 등을 기초로 만들어진 것이다. 이제부터 당신은 비언어적인 신호를 조절하여, 낯선 사람과 눈이 마주친 순간 그 사람이 편안함과 안전함을 느끼고 당신에 대한 믿음을 갖도록 만드는 방법을 배우게 될 것이다.

2부

인간의 본성과 연결되는 새로운 규칙

06

첫인상의 심리학

　　사람 사이의 첫 만남을 주도하는 것은 본능적인 반응이다. 각자가 자신의 안전에 중점을 두고 무의식적으로 평가를 내린다. '나는 당신과 있으면 안전하다/안전하지 않다', '나는 당신을 믿는다/믿지 않는다.'

　첫 만남의 경우, 살아남기 위한 동물적인 본능 때문에 우리는 자신도 모르는 사이에 극도로 긴장하게 된다. 우리의 몸이 상황을 인식하는 데 소요하는 그 짧은 시간 동안 우리의 정신은 보호막을 치는 것이다. 우리는 이 보호막 뒤에 숨어 밖을 살피면서 과연 모습을 드러내도 안전할지, 얼마나 빨리 모습을 드러내는 게 좋을지 결정하게 된다. 이 단계에서 형성된 첫인상이 앞으로의 기대치를 결정하고 상상력을 부추겨, 지금 만나고 있는 사람에 대한 순간적인 판단을 내리게 한다. 그것이 옳든 그르든 간에 말이다.

　하지만 실망할 건 없다. 상대방의 긴장과 경계를 누그러뜨리고 나에게 호의적인 방향으로 판단을 내리게 하는 방법을 우리는 얼마든지 찾을 수 있다. 우선 사람들이 누군가를 대할 때 호감 어린 시선으로 바라보게 하는 가장 큰 요인이 무엇인지 생각해보자. 대체로 사람들은 다른 무엇보다 건강하고 활기차며, 주위에 에너지를 발산하는 사람에게 끌리게 마련이다. 에너지를 빼앗아가는 사람보다는 넘치는 에너지로 자신의 성장을 북돋아줄 사람을 본능적으로 찾는 것이다.

생기와 활력은 긍정적인 에너지로 표출된다. 이러한 에너지는 당신이 처음 방 안으로 들어오는 과정이나 방에서 자리를 잡는 모습, 또는 다른 사람들의 말에 귀를 기울이는 태도에 의해 바깥으로 드러난다. 다시 말해 자세나 태도, 얼굴 표정, 시선 등에 따라 당신이 발산하는 에너지는 달라지며, 사람들은 그것들을 통해 매 순간 당신에 대한 판단을 내린다.

> 사람들이 누군가를 호감 어린 시선으로 바라보게 하는 가장 큰 요인은 무엇일까?

하버드 대학교의 심리학자 낼리니 암베디Nalini Ambady 박사는 좋은 교수법에 관한 연구를 하다가, 비언어적인 측면과 관련하여 깜짝 놀랄 만한 사실을 발견했다. 그는 여러 교수들의 수업을 비디오로 녹화한 뒤, 교수별로 2초짜리 동영상을 만들었다. 그런 다음, 평소에 그 교수들을 거의 본 적이 없는 학생들에게 그 동영상을 소리를 끈 채 보여주었다. 그리고 나서 그 교수들과 한 학기 동안 함께 공부한 학생들, 그리고 동영상만을 본 학생들에게 각각 체크 리스트를 주고 교수들에 대해 평가를 내리도록 했다. 그런데 놀랍게도 두 그룹의 학생들에게서 거의 같은 평가가 나왔다. 첫인상의 위력을 제대로 보여주는 연구 결과였다.

다음에 나오는 체크 리스트는(암베디 박사가 사용한 것은 아니다) 사람들이 보여주는 몇 가지 비언어적인 신호들인데, 사람들은 이러한 신호들을 바탕으로 순간적인 판단을 내린다. 이밖에도 많지만 이 정도만으로도 비언어적인 신호들이 얼마나 중요한지 알 수 있을 것이다. 만약 당신이 지금 레스토랑이나 공항 또는 공공장소에서 이 책을 읽고 있다면, 주위에 있는 사람들을 유심히 관찰하면서 점수를 매겨보라. 예를 들어 어떤 사람이 아주 말이 많다면 5에 동그라미를 치고, 별로 말이 없어 보인다면 2에 동그라미를 치면 된다.

말이 없다	1 2 3 4 5	말이 많다
내성적이다	1 2 3 4 5	외향적이다
지루하다	1 2 3 4 5	흥미진진하다
신뢰가 가지 않는다	1 2 3 4 5	믿음직하다
침착하다	1 2 3 4 5	흥분을 잘한다
변덕이 심하다	1 2 3 4 5	끈기가 있다
숫기가 없다	1 2 3 4 5	붙임성이 좋다
신중하다	1 2 3 4 5	대담하다
질투심이 적다	1 2 3 4 5	질투심이 많다
부도덕하다	1 2 3 4 5	양심적이다

다른 사람을 관찰하며 점수를 매기다 보면, 당신은 어느새 그들이 보내고 있는 비언어적인 메시지에 반응하며 평가를 하게 될 것이다. 물론 당신 생각이 완전히 틀렸을 수도 있다. 안타깝게도 우리 역시 자기도 모르는 사이에 몸짓이나 외적인 모습(스타일, 옷맵시, 태도)을 통해 신호를 보내고, 그것을 바탕으로 어떤 사람들은 우리가 입을 열기도 전에 잘못된 판단을 내리기도 하니 말이다.

생각해보라. 표지만 보고 어떤 책을 살지 결정한다든지, 메뉴에 나와 있는 사진만 보고 그 식당을 판단한다든지, 공항에서 처음 만난 사람에 대한 인상으로 그 도시, 아니 그 나라 전체를 판단해버리는 경우가 얼마나 많은가. 하지만 기회는 있다. 우리는 얼마든지 이런 섣부른 판단을 막을 수 있는 방법을 배울 수 있기 때문이다.

순간의 판단

영화 시사회장도 좋고 상가도 괜찮다. 어디든 낯선 사람을 만날 수 있는 곳에서 시도해보자. 50쪽에 있는 리스트 중에서 부정적인 면을 지니고 있을 법한 사람을 선택해 그에게 뭔가를 물어보는 것이다. "여기 화장실이 어디에 있어요?", "편의점이 어디 있어요?" 같은 질문을 던지고, 당신이 좀 전에 했던 평가와 그 사람의 실제 반응이 얼마나 맞아떨어지는지 비교해보자. 또 긍정적인 면을 지니고 있을 법한 사람을 선택해서 같은 실험을 해보고, 그들이 당신의 기대치에 얼마나 부합하는지 알아보자. 두 가지 경우 모두 그 사람의 어떤 점 때문에 그런 평가를 내리게 되었는지를 정확하게 파악해보자.

이번에는 회사 동료 중에 누군가를 선택해서 만약 그 사람을 지금 처음 본 것이라면 어떤 평가를 내릴 것인지 생각해보자. 그 사람을 전혀 만난 적이 없다고 가정하고 내린 평가와 당신이 알고 있는 그 사람은 얼마나 일치하는가? 이 결과를 살펴보면 누군가를 처음 만났을 때 당신이 어떤 식으로 상대방에 대한 평가를 내리는지 알 수 있을 것이다.

또 오래전에 찍은 것이든 최근에 찍은 것이든 당신의 사진을 찾아보고, 사진 속에서 자신이 어떤 신호를 내보내고 있는지 살펴보자. 그 사진을 찍었을 당시에 당신의 성격은 어떠했을지, 인간관계는 어땠을지 추측해보는 것이다. 이런 연습을 하다 보면 자신의 외적인 모습이 어떤 메시지를 전달하고 있는지, 또 그것이 인간관계를 맺는 데 어떤 영향을 미치는지 좀 더 민감하게 깨닫게 될 것이다.

07

긴장과 경계를 푸는 방법

사람들이 다른 사람에 대해 순간적인 판단을 내리는 것을 막을 수는 없다. 그것은 인간의 본성이기 때문이다. 하지만 상대방의 긴장과 경계심을 누그러뜨릴 수 있다면, 오히려 신뢰 관계를 구축하는 기회로 삼을 수도 있다.

나의 첫 책인 《90초 안에 당신을 좋아하게 만드는 법 How to Make people like you in 90 seconds or less》이 출간된 직후에 〈휴스턴 크로니클 Houston Chronicle〉의 기자가 나를 찾아왔다. 그는 인터뷰를 하기보다는 나를 테스트하기로 작정한 듯했다. 그 기자와 사진기자는 나를 데리고 휴스턴 시내 중심가로 나갔다. 계획은 이랬다. 기자가 어떤 사람을 지목하면 내가 그 사람에게 다가가고, 기자와 사진기자는 어딘가에 숨어 몰래 지켜보겠다는 것이다.

"저기 있는 사람들 보이시죠? 가서 저 사람들이 당신을 좋아하게 만들어보세요." 기자가 말했다. 내 책은 이런 공공장소에서 낯선 사람에게 불쑥 접근하라는 내용이 아니라고 누누이 설명했건만……

그런 일을 당하면 좋아할 사람이 누가 있겠는가. 하지만 기자는 뜻을 굽히지 않았다. "그건 그렇지만, 재미있는 이야깃거리는 되잖아요."

그래, 어디 한번 부딪혀보자. 저 앞에는 택배 회사 직원으로 보이는 사람들 다섯 명이 자전거를 세워놓고 점심을 먹고 있었다. 나는 그들에게 다가갔다. 그때 나는 흰색 셔츠와 검정색 바지에 더블재킷을 입고, 빨간 운동화를 신고 있었다. 그리고 만난 지 10초도 지나지 않아 우리는 친구처럼 즐겁게 대화를 나누었다. 어딘가에 숨어 있을 기자를 부르자, 그는 사진기자와 함께 나타나 그들에게 내가 좋은지 물어보았다. 그러자 그들은 이렇게 대답했다. "아주 좋은 사람 같아요", "위협적으로 보이진 않았어요", "빨간 운동화를 신은 걸 보니 멋쟁이라는 생각이 들었어요", "말도 잘하고 옷도 멋있게 입었어요", "같이 있는 동안 아주 편했어요."

우리는 다른 곳으로 자리를 옮겨 좀 더 수위를 높여보기로 했다. 마침 고급스러운 정장을 차려입고 손에 서류 가방을 든 여성이 빌딩에서 나와 건너편 빌딩으로 걸어가고 있었다. "저기 저 여자분이요. 저 여자분이 당신을 좋아하게 만들어보세요." "거 참, 한번 해봅시다." 혹시라도 그녀를 놓칠까 봐 나는 서둘러 걸어가며 대답했다. 20초나 지났을까? 우리는 즐겁게 웃으며 대화를 나누었다. 그녀는 기자에게 이렇게 말했다. "정말 마음이 따뜻한 사람이에요. 계속 내 눈을 보고 말하니까 금방 가까워지는 것 같아요. 이 사람이 내 말을 듣고 있구나, 내 말에 반응을 보이는구나, 하는 걸 느낄 수 있었거든요. 얼굴엔 환하게 미소를 머금고 말이죠."

기사가 나가고 한 달쯤 뒤에, 〈뉴욕 타임스〉에서 일하는 유명한 칼럼니스트로부터 전화가 왔다. "다른 곳에서는 그런 방법이 통할지 모르지만, 여기는 뉴욕이라고요. 뉴욕에서는 어림도 없을 걸요."

그러더니 그는 나를 쥐어짜기 시작했다. 그랜드센트럴 역 앞에 혼자 서 있는, 얼굴에 짜증이 가득하지만 예쁘장한 아가씨부터 시작해서 카네기 델리에서 무례하기로 소문난 웨이터, 지하철 역에서 표를 파는 아주머니까지 온갖 사람들을 들이대며 나를 닦달했다. 그러나 결과는 언제나 똑같았다. 나는 그들의 마음을 열고 호감을 얻는 데 100% 성공했다.

어떻게 이런 일이 가능한 걸까? 대체 뭘 어쨌기에? 내가 짧은 시간 안에 사람들을 안심시키고 그들이 숨어 있던 방패 뒤에서 나오게 만들었다고 해서, 누구나 이렇게 할 수 있다고 믿어도 되는 걸까?

내가 낯선 사람들에게 다가갈 때 고려했던 사항들을 살펴보자. 어떤 경우에든 나는 맨 먼저 내 자신에게 이렇게 물었다. '내가 원하는 게 뭐지?' 거듭 강조하지만 이것을 아는 것은 대단히 중요하다. 나는 내 앞에 있는 사람이 나를 믿어주길 원했다. 이 점을 염두에 둔다면, 전혀 모르는 낯선 사람을 만났을 때 완전히 아무것도 없는 제로 상태에서 상대에게 할 수 있는 질문은 이런 것이다. "누군가를 처음 만났는데 그 사람에게 믿음이 간다면 어떻게 말씀하시겠습니까?"(아무것도 없는 제로 상태라는 것은 이야깃거리가 될 만한 소재가 전혀 없는 경우를 말한다. 만약 당신이 기차역에 있다면 기차에 관한 질문, 약

2부 인간의 본성과 연결되는 새로운 규칙

국에 있다면 두통약에 관한 질문을 할 수 있을 것이다. 그런 장소에서는 그런 질문들이 안전하고 무난하다. 하지만 내가 그때 만약 그런 식으로 말을 걸었다면 그것은 억지로 끄집어낸 것일 테고, 그러면 상대방은 이를 바로 알아차리고 보호막 뒤로 숨어버렸을 것이다. 나는 한마디를 건네더라도 그 상황에 적합하면서도 위협적이지 않고, 동시에 아주 흥미로운 얘기를 하고 싶었다.)

> 안전하고 무난한 질문도 나쁘지 않다. 그러나 상대방은 그것이 억지로 끄집어낸 질문임을 바로 알아차리고 보호막 뒤로 숨어버릴 수도 있다.

나는 낯선 사람에게 다가가기 전에 먼저 내 모습이 정직하고 건강하며 활기차 보이는지를 꼼꼼히 점검했다. 실은 이런저런 시도 끝에 나는 내게 맞는 스타일도 찾아냈다. 당신도 자신에게 어울리는 고유의 스타일을 찾아야 한다.(이와 관련해서는 135쪽에서 좀 더 설명할 것이다.) 그리고 좋은 첫인상을 만들기 위해 나는 다음 여덟 단계를 점검했다.(물론 당신도 할 수 있는 것이다.)

- 우선은 권위와 친근함이 조화를 이루도록 옷을 차려입는다.
- 누구에게든 다가가기에 앞서 나의 태도를 조절한다. 나는 내 앞에 있는 사람에게 호기심을 가졌고, 거기에는 약간의 장난기도 섞여 있었다. 누군가에게 다가갈 때면 호기심과 장난기가 함께 발동되었던 순간을 떠올리며 그런 기분이 되도록 한다.
- 그런 다음 "대단한데, 대단해, 정말 대단해"라고 말하면서 미소

를 지으며 다가간다.(소리를 내서 말해도 괜찮고, 마음속으로 되뇌어도 괜찮다. 중요한 것은 그 느낌을 갖는 것이다. 그 단어를 떠올리는 것만으로도 유쾌해지고 용기가 샘솟는다.)

- 다가가는 동안에는 그 사람의 눈동자 색깔이 무엇인지 주의 깊게 바라본다.

- 내 가슴이 상대방의 가슴을 향하도록 자세를 바로잡는다. 이런 식의 움직임은 마음이 열려 있음을 나타내는 보디랭귀지다.

- 내 손에 위협이 될 만한 물건이 없다는 것을 보여줌으로써 상대를 긴장시키지 않도록 한다. 나는 가끔 비싸 보이는 만년필을 소품으로 이용했는데, 이때도 만년필을 손에 들고 뚜껑은 꼭 닫아두었다. 만년필은 실험실 가운 다음으로 좋은 소품이다. 고급스러운 만년필을 지니고 있으면 어딘지 권위가 있어 보이는 효과가 있다. 뚜껑을 닫아두는 것은 내가 지금 그것을 쓸 필요가 없다는 사실을 나타내기 위해서다. 가령 설문지 작성 같은 것을 요구하려고 다가가는 것이 아니라는 사실을 알리는 것이다.

- 다가가서는 우선 가벼운 질문을 던진다. 나의 첫마디는 항상 이렇게 시작된다. "실례합니다만, 한 가지 여쭤봐도 되겠습니까?" 그러고 나서 진짜 하려는 이야기를 한다. 상대방에게 '이 사람이 내가 하는 말에 정말 관심이 있구나' 하는 느낌을 주는 것은 그리 어렵지 않았다. 왜냐하면 실제로 나는 그들이 하는 말에 정말 관심이 있었기 때문이다.(당신도 미리 질문을 준비하라. 자신이 원하는 것이 무엇인지를 우선 염두에 두고.)

- 마지막으로 목소리 톤과 보디랭귀지를 상대방과 일치시킨다. 여러 사람과 이야기할 때는 한 사람 한 사람 돌아보면서 움직임을 그 사람에게 차례로 맞추도록 한다.

어떤 만남이든 누군가를 처음 만나면 동시에 여러 가지 일을 해야만 한다. 하지만 방금 열거한 여덟 단계를 다 이행하는 데는 채 10초도 걸리지 않는다. 그동안에 말을 하고, 관찰을 하고, 대답을 하는 것이다. 첫 순간에 이루어지는 커뮤니케이션에 따라 당신은 신뢰가 가며 정직하고 활기차고 건강한 사람이 될 수도 있고, 반대로 자리를 박차고 일어나고 싶게 만드는 사람이 될 수도 있다.

선입견을 다루는 법

누군가를 만났을 때, 처음 보자마자 상대방에 대해 어떤 판단을 내리는 것을 아예 막을 수는 없다. 하지만 눈에 보이는 것 이상을 보는 법을 배울 수는 있다. 생김새나 말하는 방식에만 너무 빠져들어서는 안 된다. 예전에 가졌던 그 사람에 대한 잘못된 판단을 지나치게 믿어서도 안 된다. 당신이 원하는 것이 무엇인지를 늘 기억하고, 그것이 성과를 거둘 수 있도록 집중해야 한다.

눈에 보이는 것 이상을 보는 훈련

비즈니스를 할 때 우리는 상대의 첫인상에 따라 일정한 기대치를 갖게 된다. 다시 말해 우리는 사람들이 우리에게 이야기한 내용과 말하는 방식, 그리고 전화나 편지, 이메일 같은 간접적인 매체를 통해 형성된 이미지에 부응하여 행동하기를 기대한다. 일단 한 번 만나고 난 뒤에는 예상되는 그 역할에 맞게 행동하기를 바라는 것이다. 그런데 그들이 이러한 기대에 부응하지 않으면 우리는 얼마간 실망하게 되고, 그로 인해 그 사람에게서 좋은 인상을 갖기가 어려워지게 된다. 반면에 기대에 부응하거나 기대 이상의 모습을 보이는 경우에는 그 사람에게 더 많은 것을 주고 싶고, 그의 이야기를 더 열심히 들으려 하면서 그 사람에 대한 낙관적인 기대와 지지를 점점 더 키워간다.

이미 여러 번 강조한 바와 같이, 사람이 순간적으로 직관적인 판단을 내리는 것을 아예 막을 수는 없다. 다만 눈에 보이는 것 이상을 보는 방법과 그러한 임의적인 판단에 뒤따르곤 하는 실수를 피하는 방법을 배울 수는 있다. 기대하던 어떤 것이(혹은 어떤 사람이) 그 기대에 미치지 못하더라도 마음을 접기 전에 잠시 시간을 갖고 다시 생각해보자. 그리고 자신에게 물어보는 것이다. '내가 진짜 원하는 것이 뭐였지?'

인쇄업자인 에디는 새 거래처의 광고 담당자인 피에르와 몇 달 동안 전화나 이메일을 주고받았을 뿐, 한 번도 만난 적이 없었다. 그러던 두 사람이 처음으로 함께 점심 식사를 하기 위해 만나게 되었다. 자, 처음 20초 동안 그들에겐 어떤 일이 벌어졌을까? 피에르를 처음 본 순간 에디는 놀라서 눈이 휘둥그레졌다. 그가 기대했던 것과는 전혀 다른 모습이었기 때문이다. 키는 족히 190cm가 넘어 보였고, 머리는 헝클어질 대로 헝클어져서 하늘을 향해 솟구쳐 있었다.

에디는 일이 항상 잘 돌아가도록 관리하는 총감독이다. 고객들이 빨리 결정을 하고, 빨리 재료를 고르고, 빨리 결제까지 끝내도록 하여 일사천리로 일을 진행시킨다. 그러다 보니 그와 함께 일하는 사람들은 대부분 몸집이 작고 움직임이 재빠른 사람들이었다. 그런데 이제 이 거인 같은 사람과 대체 뭘 어떻게 하면 좋단 말인가? 에디는 자신도 모르게 한숨이 나왔다. 사람이든 일이든, 느린 건 딱 질색

> 기대하던 어떤 것이 기대에 미치지 못했을 때 즉각 마음을 접기 전에 스스로에게 물어보라 "내가 진짜 원하는 것이 뭐였지?"

인데…….

피에르가 악수를 청하기도 전에 에디는 그의 외모만 보고 그를 판단해버렸다. 그러나 그러한 판단은 두 사람 사이의 관계를 만들어가는 데 아무런 도움이 되지 않았다. 두 사람이 테이블에 자리를 잡고 앉을 때쯤, 에디는 피에르와 함께 일할 수 있을지에 대해 이미 회의적인 생각을 하고 있었다. '이 사람이 일을 제대로 못한다면 회사에서 이 자리에 앉혔을 리가 없잖아' 라고 애써 생각해봤지만, 별 소용이 없었다.

어떻게 하면 에디는 이런 부정적인 첫인상을 극복할 수 있을까? 직접 만나보니 그의 기대와는 전혀 다른 사람이 나타났다. 어떻게 해야 피에르와 마음을 열고 커뮤니케이션을 할 수 있을까? 그만, 거기까지!

> 상대방에게 어떤 선입견을 갖고 있는지 돌아보라. 그 선입견이 부메랑이 되어 돌아올지 모른다.

지금 문제는 피에르와 커뮤니케이션하는 것이 아니다. 에디 스스로가 자기 자신과 어떻게 커뮤니케이션을 하느냐 하는 것이 먼저다. 에디는 지금 피에르가 지닌 재능보다는 그의 겉모습에만 온통 관심을 쏟고 있다. 자신이 원하는 것이 무엇인지조차 잊어버린 채 말이다. 지금 에디에게 필요한 것은 능력 있는 광고 담당자다. 업무의 진행 속도를 떨어뜨려 문제를 일으킬 소지가 전혀 없는 사람을 찾고 있는 것이다. 그런데 지금 에디는 피에르가 그 일을 할 수 있을지 여부와는 상관없이 엉뚱한 추측만 하고 있다.

이와 똑같은 일이 지금 당신의 사무실에서도 벌어지고 있다. 당신은 얼굴을 자주 마주치지만 잘 알지 못하는 회사 사람들에 대해 이미 편견을 갖고 있지는 않은가? 누군가를 봤을 때 처음 갖게 되는 인상이, 그러니까 1개월 전이나 12개월 전이나 심지어는 48개월 전에 만들어졌던 첫인상이 지금까지도 영향을 미치고 있는 경우는 얼마든지 많다. 그렇게 오랫동안 가져온 잘못된 인상 때문에 가끔은 잠재되어 있는 귀중한 자원들을 알아보지 못하기도 한다.

누군가를 좋아하게 되면 그 사람의 장점만 보고, 누군가를 싫어하게 되면 그 사람의 단점만 보는 것이 인간이다. 그렇기 때문에 당신은 좋은 첫인상을 남기기 위해 노력하고 그 비법을 알려주는 이 책도 읽고 있는 것이리라. 순간적인 판단은 마음에 필터를 끼우게 만들고, 그때부터는 그 사람에 대한 모든 것을 그 필터를 통해 바라보게 한다. 그러나 그 필터를 치워버리고 따스한 눈빛으로 그 사람을 다시 한 번 바라보는 훈련을 하다 보면 지금까지 놓쳐온 것들에 대해 유쾌한 발견을 하게 될 것이다.

09

몸과 마음은 하나의 시스템이다

상대방을 직접 만나서 커뮤니케이션을 하는 경우, 가장 먼저 눈에 들어오는 것은 바로 태도이다. 당신이 의도적으로 상대방의 긴장된 반응을 누그러뜨릴 수 있는 것과 마찬가지로, 필요한 경우 자신의 태도도 조절하고 제어할 수 있다. 태도는 주로 보디랭귀지와 동조를 통해 드러난다.

몸과 마음은 하나의 시스템이다. 하나가 바뀌면 다른 하나도 따라가게 되어 있다. 아이들이 남을 놀릴 때 하는 것처럼 혀를 내민 채 엄지손가락을 양 볼에 대고 까딱

> **66** 비언어적 커뮤니케이션의 ABC는 무엇인가? 태도Attitude, 보디랭귀지Body language, 동조Congruence다. **"**

거리면서, 절망적인 감정을 느끼려고 애써보라. 결코 쉽지 않을 것이다. 몸이 그렇게 되도록 놔두지를 않기 때문이다. 놀이공원 같은 곳에서 트램펄린trampolin 위를 폴짝폴짝 뛰면서 심각해지려고 노력해보자. 그것 역시 불가능한 일이다. 몸이 허락하지 않기 때문이다.

이것은 몸과 마음의 관계를 극단적으로 단순화한 예이지만, 무슨 의미인지는 충분히 알 수 있을 것이다.

미국에는 제이 레노Jay Leno라는 유명 방송인이 있다. 그가 진행하는 〈투나이트 쇼The Tonight Show〉는 미국인이 매우 좋아하는 토크쇼이다. 그런데 한 번도 제이 레노를 본 적이 없거나 자주 보지 않는 사람들에게 제이 레노는 어떤 느낌을 줄까? 이 남자가 웃길까? 그렇다. 이 사람을 보면 아마 웃음이 나올 것이다. 아니면 미소라도 지을 것이다.

왜 그럴까? 제이 레노의 첫인상은 그의 익살맞은 보디랭귀지에서 비롯된 것이기 때문이다. 우리는 본능적으로 다른 사람의 태도에 스스로를 맞추려는 경향이 있다. 그렇기 때문에 제이 레노를 본 순간 그와 똑같은 감정을 느끼기 시작하는 것이다.

제이 레노의 보디랭귀지는 다분히 의도적인 선택의 결과다. 일부러 결심을 하고 의식적으로 그렇게 행동하는 것이다. 그 결과 그의 몸은 누구나 이해할 수 있는 메시지를 내보낸다. 물론 이것은 결코 우연히 일어나는 일이 아니다. 방송을 시작하기 전에 그는 마음을 가다듬고 태도를 정하기 때문이다.

실제로 이것은 원한다면 누구나 할 수 있는 일이다. 예를 들자면 이렇다. 당신은 길에서 우연히 회사 동료 두 사람을 만났다. 반가운 마음에 다가가서 인사를 건네려는데, 알고 보니 두 사람은 다투고 있었다. 그런데 당신이 "어이, 반가워" 하고 인사를 건네자, 두 사람은 당신을 쳐다보고는 아무 일도 없었다는 듯이 웃으며 말한다. "브라이언트, 여긴 어쩐 일이야?" 그리고 잠시 동안 함께 즐겁게 대화를 나누다가, 당신이 인사를 하고 시야에서 사라지면 그들은 다시 싸움을 시작하게 될 것이다.

태도는 행동을 이끌어낸다

태도 조절에 관한 연습을 해보자. '이게 뭐지?', '이게 될까?' 하는 의구심은 잠시 접어두고 당신의 사무실 복도로 상상 여행을 떠나보자. 너무 걱정할 필요는 없다. 바보 같은 일을 하라는 것은 아니니까, 당신의 사무실 동료들에게는 지극히 정상적으로 보일 것이다. 이 연습의 99%는 당신의 머릿속에서만 이루어진다. 무슨 일을 하고 있는지 스스로에게 상기시킬 정도의 행동만 보여주면 된다.

- 첫 번째 날에는 당신이 하마라고 상상하는 것이다. 천천히 굴러다니듯이 걸으면서 하마처럼 침착한 눈빛으로 사람들을 바라보라. 이제 사무실 주변을 천천히 돌아다니면서, 만나는 사람들에게 인사를 건네보라. 어떤 느낌이 드는지 잘 기억해두자.
- 다음날에는 당신을 캥거루라고 생각해보라. 캥거루처럼 생기발랄하게 열성적으로 뛰어다니며 사람들을 만나보자. 이번에는 어떤 느낌이 드는가? 하마처럼 행동했을 때와 어떻게 다른가?

- 마지막으로 당신이 퓨마라고 상상해보자. 날렵한 몸짓과 자신감 넘치는 날카로운 눈빛으로 무장하고 사무실을 돌아다녀보라.

  자, 어떤가? 역할에 따라 다른 종류의 에너지가 발산되지 않는가? 각각의 경우마다 사람들의 반응이 모두 다르다는 사실을 알겠는가? 캥거루일 때는 사람들의 반응도 에너지가 넘치고, 하마일 때는 사람들도 좀 더 천천히 이야기하지 않던가? 퓨마일 때는 어땠는가? 사람들도 어딘지 더 예민하고 날카롭게 반응하지 않던가?

10

태도 실습 게임

　　태도에는 크게 두 가지 종류가 있다. 유익한 태도는 상대방을 끌어당기지만, 무익한 태도는 밀어낸다. 재치 있고 호기심 많고 환영하는 자세는 유익한 태도의 특징이지만, 지루하고 적대적이며 성급한 자세는 무익한 태도의 전형이다.

　먼저 이 책의 71쪽에서 유형별로 분류해놓은 태도 리스트를 살펴보자. 비즈니스를 할 때 첫눈에 상대방에게 신뢰를 얻고 호의적인 관계를 맺으려면 당연히 유익한 유형 가운데서 당신에게 적합한 태도를 선택해야 할 것이다.

　리스트의 왼쪽에 있는 태도들을 살펴보고, 그중에서 마음에 드는 부분에 집중해보자. 눈을 감고 그런 감정을 느꼈던 특별한 순간을 떠올려보라. 이런 식으로 몇 가지 감정을 대입해 당신에게 가장 적합한 태도를 찾아내는 것이다. 그런 다음에는 다시 한 번 눈을 감고 그 당시에 보고, 듣고, 느꼈던 것을 최대한 상세하게 되살려보자.(냄새와 맛도 포함되어 있다면 그런 감각까지 되살려보자.) 모습과 소리는 물론이고, 몸이 느꼈던 모든 감각을 불러오는 것이다. 우리 뇌는 감각적인 기억을 떠올리는 데 탁월한 능력을 갖고 있으므로 어렵지 않게 그 기억들을 되살려놓을 것이다. 그때의 태도를 잊지 않도록 몸과 마음에 저장해두자.

그런 다음 이 책의 22쪽에서 설명했던 미소 짓기("대단한데, 대단한데, 대단한데")와 방금 익힌 태도를 같이 연습해보자. 눈을 감고 모든 감각을 최대한 끌어올리면(장면은 크고 생생하게, 소리는 깨끗하고 명확하게, 모든 감각은 또렷하고 풍부하게), 과감하고 대담한 목소리로 "대단한데, 대단한데, 대단한데"라고 외치는 목소리가 들릴 것이다. 그 순간의 느낌을 기억하라. 당신이 취해야 할 진정으로 유익한 태도이다.

좋은 태도, 유익한 태도가 얼마나 큰 차이를 가져오는지 다음 세 가지 게임을 통해 구체적으로 알아보자.

● 거울 보고 말하기

어릴 때는 '~인 척하기' 게임을 많이 했다. 그런데 어른이 되면서 이 효과적인 사회 인지 학습법을 잊어버리고 말았다. 지금이라도 이런 게임을 다시 할 수 있으니 얼마나 반가운가. 우리는 본래 '~인 척하기'에는 도가 튼 사람들이니까.

방법은 이렇다. 거울 앞에 서서 "너 때문에 미치겠어"라는 말을 해보자. 이번에는 아래에 제시한 태도에 어울리는 목소리로 보디랭귀지를 최대한 동원해서 같은 말을 되풀이해본다.

1. 화난   2. 용감한   3. 행복한   4. 겸손한   5. 차분한

똑같은 말이지만 완전히 다른 의미로 다가올 것이다. 이번에는 "나는 이제 집에 간다"라는 말을 위의 태도에 맞춰 되풀이해보자.

그리고 다시 한 번 생각해보자. 각각의 태도에 따라 몸이 어떻게 바뀌는가? 태도를 바꿀 때마다 목소리가 어떻게 변하던가? 주위 사람에게 맞추어 태도를 바꾸면, 그들도 당신과 똑같은 심정이 되어 같은 감정을 경험하게 된다. 자, 좋은 첫인상을 주고 싶다면서 화를 내거나 성급하게 군다면 말이 되겠는가?

● 몸으로 말하기

앞에서 언급한 다섯 가지 태도, 즉 '화난', '용감한', '행복한', '겸손한', '차분한'을 메모지에 적어두자. 기억해두면 더 좋다. 그러면 복도를 걸을 때나 쇼핑을 할 때, 혹은 거리를 걸어 다닐 때 각각의 태도에 따라 보디랭귀지와 감정을 변화시키는 연습을 하기가 훨씬 쉬울 것이다.

일단 '화난'에서부터 시작하라. 걷고, 생각하고, 숨 쉬고, 혼잣말을 할 때 마치 화가 난 것처럼 해보는 것이다. 어느 정도 걸은 뒤에는 '화난'에서 '용감한'으로 모드를 바꾼다. 그 다음에는 '용감한'에서 '행복한'으로, '겸손한'으로, '차분한'으로 차례차례 태도를 바꿔가며 행동한다. 사무실을 기준으로 하든지, 쇼핑몰의 층수나 거리의 블록을 기준으로 하든지 나름대로 정한 기준에 따라 태도를 바꾸는 연습을 해보자.

이번에는 태도를 바꿀 때마다 자세나 호흡, 생각, 표정, 심장 박동, 속도, 걸음걸이 등이 어떻게 바뀌는지 살펴보자. 지나가는 사람들이 어떻게 반응하는지도 알아보라. 이런 연습을 하는 게 좀 이상하다고 느낄 수도 있겠지만, 너무 걱정하지 않아도 될 것이다. 물론 경비원이 당신을 쇼핑몰 밖으로 내쫓을 정도로 열심히 하지는 말 것!

● 승자와 패자

이 게임은 25분간 진행된다. 처음 5분 동안에는 승자처럼 행동하라. 가슴을 펴고 자랑스러운 몸짓으로 크게 복식 호흡을 하며 자신감 있게 행동한다. 당신이 미소를 보낼 때마다 길 양쪽에 빼곡히 늘어선 사람들이 환호를 보내는 장면을 상상하라. 그리고 다음 5분 동안에는 패자인 것처럼 행동하라. 비참한 기분으로 어깨를 축 늘어뜨리고, 시선을 아래로 떨군 채 불안정한 눈빛을 해보라. 다음 5분 동안에는 승자가, 그 다음 5분 동안에는 다시 패자가 되었다가, 마지막 5분 동안에는 또다시 승자가 된 것처럼 행동한다.

어떤 쪽이 더 좋은가? 이렇게 해보면 두 가지 경우에 각각 어떤 기분이 드는지 이해하는 데 큰 도움이 될 것이다. 비즈니스를 할 때는 두말할 필요 없이 언제나 승자처럼 행동해야 한다.

태도의 유형

유익한 태도	무익한 태도
친절한	짜증스러운
열정적인	냉소적인
자신에 찬	조급한
협력적인	뜨악한
느긋한	실례가 되는
자상한	거만한
호기심 많은	비관적인
재치 있는	근심 어린
편안한	무례한
도움이 되는	의심 많은
매력적인	집착이 강한
여유 있는	두려워하는
인내심이 있는	독선적인
환영하는	조롱하는
명랑한	어색한
관심 있는	비웃는
용기 있는	낙담한

11

설득할 수 없으면 **리드**할 수도 없다

　　　　　우리가 어떤 태도를 취하느냐 하는 것은 현실적인 문제이며, 의식적으로 선택할 수 있는 부분이다. 우리는 태도를 통해서 감정을 연마할 수 있다. 그러므로 성공의 기회를 잡기 위해서는 우선 올바른 태도부터 선택해야 한다.

　에린은 한 기업의 정보 기술부 팀장이다. 그런데 지금 에린의 팀은 사기가 크게 떨어져 있다. 지난 3개월 동안 필요한 지원은 조금도 받지 못하는 상태에서 왜 회사의 컴퓨터 시스템을 개선할 수 없느냐는 질책에 끊임없이 시달려왔기 때문이다. 게다가 한 술 더 떠서 회사에서는 새로운 온라인 시스템 개발을 요구하고 나섰다. 팀원을 더 충원한다는 것은 생각할 수도 없는 분위기였다.

　지칠 대로 지친 에린은 크게 낙담했다. 그런 심정은 얼굴에 그대로 드러났다. 하지만 그런 얼굴로 팀 회의에 들어갔다가는 상황이 더 악화될 뿐이다. 에린은 자신의 감정을 감추는 데 서툴렀기 때문에 상황이 더 나빠지는 것을 막기 위해서는 자신의 태도를 바꾸는 수밖에 없다. 아무 쓸모없는 감정인 '낙담'을 발전적이고 유익한 태도로 바꾸어야 하는 것이다. 과연 어떤 감정으로 어떻게 바꿔야 하는 걸까? 팀원들과 회의를 할 때 어떤 태도를 취해야 이 시련을 이겨낼 수 있을까? 회의실에 들어가기 전에 에린은 어떤 준비를 해야 하는 걸까?

2년 전에도 이와 비슷한 일이 있었다. 당시 실직 상태였던 에린은 자신에 대해 절망하고 있었다. 그러던 어느 날 오후, 그녀는 리모컨으로 TV 채널을 이리저리 돌리다가 〈능력 있는 여성의 비밀 The secrets of talented women〉이라는 프로그램을 보게 되었다. 거기서는 눈부시게 성공한 여성 인사들이 나와서 눈앞에 닥친 수많은

> 기회는 있다. 세상이 무너지는 것 같은 순간에도 무익한 태도를 유익한 태도로 바꾸기만 한다면.

난관들을 어떻게 극복했는지, 성공에 이르기까지 포기하지 않고 어떻게 스스로에게 용기를 북돋울 수 있었는지에 대한 이야기를 나누고 있었다.

그들의 용기 있는 태도에 관한 이야기를 듣고 가슴이 뭉클해진 에린은 그 가르침을 자신의 것으로 받아들였다. 그 뒤 에린은 면접을 보거나 사람들을 만날 때 언제나 얼굴에 미소를 머금고 꼿꼿이 걸었고, 얼마 지나지 않아 바로 지금의 일자리를 얻게 되었다. 그리고 2년이 지나 이제 다시 그녀의 듬직한 친구이자 유익한 태도인 '용기'

를 불러올 때가 된 것이다.

　에린은 내 강의를 한 번 들은 적이 있어서 태도를 조절하는 한두 가지 기술을 기억하고 있었다. 그녀는 문을 닫고 자리에 조용히 앉아 두 눈을 감았다. 그리고 이제껏 겪었던 일 중에서 폭발적으로 용기가 솟구쳤던 때의 기억을 떠올렸다. 또 그 순간에 눈으로 본 것, 귀로 들은 것, 몸으로 느낀 것을 되살리기 위해 집중했다. 마음의 눈을 통해 그 순간을 고스란히 보고, 듣고, 느낄 수 있었던 에린은 생각했다. '그때 했었는데, 지금이라고 못할 이유가 없잖아.'

　에린은 여전히 눈을 감은 채 앉아 있었지만, 그 당시 보고 들은 것들이 너무나 선명하고 상세하게 그녀를 감쌌다. 그녀는 그때의 용기와 의욕이 다시 온몸에서 샘솟는 것을 느끼며 스스로에게 이렇게 말했다. "대단한데, 대단한데, 대단한데."

　복도를 따라 회의실로 걸어가면서 에린은 머릿속으로 "대단한데"를 수없이 되뇌었다. 그리고 그럴 때마다 여기에 있는 모두에게 지금 자신이 얼마나 에너지가 넘치는지 보여주고 싶어 있는 힘을 다해 외치고 싶은 충동이 들었다. 그녀는 마치 전쟁터에 나가는 전사처럼 성큼성큼 회의실로 들어갔다. 에린은 리더다운 태도와 목소리로 리더답게 회의를 이끌었다. 팀원들은 어느새 그녀의 자신감 넘치는 태도에 전염되었고, 마침내 에린의 팀은 그 일을 무사히 마칠 수 있었다.

　　　성공한 리더들이 공통적으로 지니고 있는 정말 유익한 태도 세 가지가 있다. 바로 열정, 호기심, 겸손이다. 잘만 조합한다면 이 세 가지 태도만으로도 거부할 수 없는 치명적인 매력의 소유자가 될 수 있다.

● 열정

열정은 최면성을 갖고 있고, 사람을 끌어당기는 힘이 있으며, 막으려 해도 막을 수가 없다. 결코 돈을 주고 살 수 없으며, 단지 자연스럽게 드러날 뿐이다. 열정은 다른 사람들에게 흥분과 에너지와 활력을 불러일으킨다. 열정을 뜻하는 'enthusiasm'이란 단어는 그리스 어에서 나온 말로, '신의 선물'이라는 뜻이다.

● 호기심

주변에서 일어나는 일에 대해 뭐든지 더 알고 싶어 하는 사람이 있다. 그들은 끊임없이 변화하고 발전하면서 앞으로 나아가고, 사람들과의 관계도 잘 만들어가는 사람으로 거듭난다. 타고난 호기심의 문을 항상 열어놓아라.

● 겸손

성공한 사람들은 대부분이 자아가 강하고, 자신을 드러내는 데 천부적인 능력을 갖고 있다. 하지만 그런 부분들을 적절히 조절할 필요가 있다. 거대한 자아를 겸손함으로 잘 둘러싸는 것이 제대로 된 자기 포장이다. 겸손함으로 단련되지 않은 자아는 거만하고 추할 뿐이다.

당신이 존경하는 훌륭한 리더들을 잘 살펴보라. 그들의 성공 뒤에는 이 세 가지 태도가 자리하고 있음을 알게 될 것이다. 의식적으로 열정과 호기심과 겸손함으로 무장하고 행동하라. 그러면 당신은 어느덧 진짜로 활력이 넘치고 마음이 열려 있는, 호감 가는 사람이 되어 있을 것이다.

12

몸이 하는 말에 주목하라

　　보디랭귀지에 관한 연구는 지금까지 수없이 발표되었지만, 결국에는 다음 두 가지로 귀결된다고 할 수 있다. 하나는 다른 사람에게 자신과 관련된 어떤 신호를 보내고 있는가 하는 것이고, 나머지 하나는 다른 사람이 보낸 신호에 어떤 감정적인 반응을 나타내는가 하는 것이다. 사람들에게 반응을 보이거나 관계를 맺기에 적절한 타이밍은 그들의 자세와 표정, 동작과 같은 보디랭귀지를 보면 절반 이상 파악할 수 있다. 하지만 대부분의 사람들은 보디랭귀지에 크게 신경을 쓰지 않는 편이다. 그러므로 이제부터라도 보디랭귀지를 의식한다면, 이미 게임의 반은 이기고 들어가는 것이 된다.

　　보디랭귀지로 이루어지는 커뮤니케이션은 크게 두 가지, 열린 보디랭귀지와 닫힌 보디랭귀지로 나눌 수 있다. 열린 보디랭귀지는 심장을 드러내고 환영하는 의사를 표현하는 반면, 닫힌 보디랭귀지는 심장을 가리는 자세를 취하고 있어 사람들에게 무뚝뚝하게, 때로는 냉담하게 보인다. 달리 말하자면 열린 보디랭귀지는 "환영합니다.

저는 무슨 일에든 활짝 열려 있습니다"라고 말하는 것이고, 닫힌 보디랭귀지는 "저리 가세요. 저는 이 일에 관여하고 싶지 않아요"라고 말하는 것과 같다. 남들이 보기에 당신은 '기회'가 될 수도 '위협'이 될 수도 있고, 친구가 될 수도 적이 될 수도 있다. 또한 '자신감'에 차 있는 사람으로 보일 수도 '불안'해하는 사람으로 보일 수도 있으며, '진실'을 말하는 사람으로 보일 수도 있고 '거짓말'을 일삼는 사람으로 보일 수도 있다.

앞에서 태도에 대한 내용을 먼저 다룬 것은 당신이 내면에서부터 유익한 태도로 상대방을 대한다면, 보디랭귀지도 같은 방식으로 표출될 것이기 때문이다. 열정과 호기심, 겸손 같은 태도에 뒤따르는 것은 틀림없이 열린 보디랭귀지다. 여기에 더하여 당신의 가장 멋진 모습을 보여주기 위해서는 다음과 같은 몇 가지 사항에 좀 더 신경을 써야 한다.

> " 심장을 드러내고 환영하는 의사를 표현할 것인가, 심장을 가리는 자세로 상대를 밀어낼 것인가. "

● 열려 있는가, 닫혀 있는가

모르는 사람을 만났을 때 당신이 무슨 일에든 열려 있으며 적이 아니라 친구임을 보여주고 싶다면, 만나고 나서 처음 몇 초 사이에 자기 자신을 활짝 열어놓아야 한다. 얼굴 표정을 비롯한 당신의 태도가 열려 있음을 보여주려면 팔짱을 끼거나 다리를 꼬고 앉아서는 안 된다. 사람을 대할 때는 자연스러운 자세로 똑바로 앉거나 서서 미소를 지으며 눈을 마주쳐야 한다. 또 어깨에 힘을 빼고 몸을 살짝 앞으로 기울이면서 전체적으로 편안한 분위기를 연출하라. 손발과 팔다리도 효과적으로 사용할 필요가 있다.

● 가슴에서 가슴으로, 마음에서 마음으로

누군가를 처음 만나면 자신의 가슴이 상대방의 가슴과 마주하도록 해야 한다. 이런 열린 보디랭귀지는 상대방에게 믿음과 편안함을 준다. 그리고 그 사람의 본능이 "친구야? 적이야?" 혹은 "기회야? 위협이야?"라고 물을 때, 당신이 원하는 자리를 차지할 수 있도록 해준다.

● 숨길수록 멀어진다

닫힌 보디랭귀지는 그 반대의 효과가 있다. 가슴은 다른 곳을 향해 있고 방어하듯이 팔과 다리를 꼬고 있다든지, 주먹을 쥐거나 손을 숨기고 있는 모습 등은 모두 불안과 거부, 걱정을 드러낸다. 눈길을 피하고 왠지 초조해하면서 안절부절못하거나, 자꾸 어디로 가려고만 하는 태도도 마찬가지다. 이런 닫힌 보디랭귀지를 보일 때는 팔다리가 어딘지 모르게 불안하고 어색하게 움직이게 마련이다. 개개의 동작만으로는 의미를 도출하기가 쉽지 않지만, 두세 가지 몸동작을 같이 결합해서 살펴보면 지금 그 사람이 어떤 기분인지 명확하게 알아낼 수 있다.

13

3V를 일치시켜라

　　보디랭귀지, 목소리, 말, 이 모든 것이 같은 이야기를 할 때 비로소 완벽한 태도가 갖추어졌다고 할 수 있다. 그것이 바로 '조화로운 일치'이다. 신체와 목소리와 말이 하나의 내용을 전달해야만 진실해 보이고 사람들의 믿음을 얻을 수 있다.

　여기서 제이 레노의 〈투나이트 쇼〉를 다시 한 번 떠올려보자. 만약 제이 레노가 시청자들에게 "오늘 밤 진짜 즐겁게 놀아봅시다!"라고 말하면서 몸짓이나 얼굴은 잔뜩 화난 모습을 하고 있다면, 과연 그의 말을 믿을 수 있겠는가? 신체의 메시지는 때때로 우리가 사용하는 말이나 목소리보다 훨씬 더 묵직한 의미를 전달한다.

　아는 사람에게 다가가 "오늘 정말 기분 좋다"라고 말하면서 고개는 아니라는 듯 절레절레 흔들어보자. 그 사람이 당신의 말을 믿을까? 이번에는 화난 목소리로 같은 이야기를 해보자. 이번에는 당신의 말을 믿을까? 물론 아닐 것이다. 당신의 목소리는 당신의 진짜 감정을 그대로 반영하기 때문이다.

1967년, 앨버트 메라비안Albert Mehrabian 교수는 UCLA에서 〈모순적인 의사소통의 해독Decoding of Inconsistent Communication〉이라는 논문을 발표하였다. 이 논문에서 메라비안 교수는 직접 만나 커뮤니케이션을 하는 경우, 우리의 반응을 불러일으키는 자극의 55%가 시각적인 것이고, 38%가 청각적인 것이며, 7%만이 우리가 사용하는 말이라고 설명했다. 바꾸어 말하면 사람들은 눈에 보이는 것, 즉 커뮤니케이션의 겉모습이라 할 수 있는 몸짓이나 보디랭귀지를 가장 신뢰한다는 의미이다. 그 다음이 목소리고, 맨 마지막이 우리가 입으로 하는 말이다. 이 3개의 V(시각적Visual, 청각적Vocal, 언어적Verbal 커뮤니케이션)가 동일한 메시지를 내보낼 때 신체와 목소리와 말이 하나로 일치되었다고 할 수 있고, 이때 비로소 설득력을 갖게 되는 것이다.

나는 최근에 한 언론사의 간부급 사원들을 대상으로 일대일 집중 트레이닝을 한 적이 있다. 그중 제작 부문 부서장인 테리는 내게 이런 말을 했다. "사람들과 신뢰 관계를 만드는 방법에 대해 이론적으로는 충분히 알고 있는데, 실천이 잘 안 되네요." 테리는 큰 야망을 가지고 있지만 몇 번이나 승진 기회를 놓쳤다는 이야기도 털어놓았다. "사람들이 내 말을 잘 듣기는 하는데요. 친밀한 관계를 형성하는 것은 쉽지 않아요."

불과 몇 초 만에 나는 테리의 문제, 적어도 그가 가지고 있는 문제 중에서 가장 큰 부분이 무엇인지 알아챌 수 있었다. 그는 마치 기도를 하듯이 회의실 테이블에 팔을 올려 손을 맞붙이고는 말을 할 때마다 손가락 끝으로 입술을 톡톡 건드렸다. 또 '다다다다' 정신없이 빠르게 말을 내뱉었고, 시선은 할 말을 찾는 듯 온 회의실을 헤매고 다녔다. 테리의 몸은 불안함과 조급함을 그대로 보여주고 있었다. 그의 몸이 느끼는 감정은 내 몸에 고스란히 전달되었다. 이처럼 그가 언제나 '불안하고 초조하다'는 신호를 내보내고 있기 때문에 다른 사람들이 그에게 말을 걸거나 의견을 구할 때는 항상 이렇게 시작할 수밖에 없다. "아주 잠깐이면 되는데요……", "오래 붙잡고 있지는 않을 거예요……."

> 사람들은 눈에 보이는 것, 즉 커뮤니케이션의 겉모습이라 할 수 있는 몸짓이나 보디랭귀지를 가장 신뢰한다. 그 다음이 목소리고, 맨 마지막이 우리가 입으로 하는 말이다.

그런데 재미있는 사실이 있다. 사람들은 테리의 이러한 성향을 무례할 정도로 조급하고 성급하다고 생각하는 반면에, 정작 테리 자신은 열정과 에너지를 발산하는 것이라고 여긴다는 점이다. 테리는 말과 목소리와 행동을 일치시키지 못하고 있었다. 그러니 그가 내보내는 메시지도 혼란스러울 수밖에 없었다. 이렇게 다른 사람과 관계를 맺고 의도한 메시지를 전달하는 능력에 빨간불이 켜지자 자연히 승진의 기회도 잡기 어려워진 것이다.

다행히 테리의 문제는 쉽게 고칠 수 있는 것이었다. 나는 먼저 가슴이 아니라 배로 숨 쉬는 법을 가르쳐주었다. 평소의 불안하고 긴장된 호흡법을 좀 더 편안하고 집중된 형태로 바꾸었다. 이런 호흡법은 음악가나 직업적인 연설가, 무술을 연마하는 사람들이 주로 사용하곤 한다.

그러고 나서 우리는 그의 목소리를 살펴보기로 했다. 나는 '화난', '놀란', '걱정스러운', '친절한' 등의 네 가지 태도를 선택하고, 다음과 같은 네 개의 문장을 그에게 보여주었다. '지금 당장 행동으로 옮겨야 해', '배가 고픈데', '지난주 회의 때 무슨 일이 있었지?', 그날의 날짜인 '8월 14일이야' 라는 문장이었다.

나는 테리에게 네 가지 태도 가운데 한 가지를 선택하고, 거기에 맞추어 네 개 문장 중 하나를 말해보라고 했다. 내가 할 일은 그가 어떤 태도를 골랐는지 알아맞히는 것이었다. 그런데 처음에는 나의 추측이 완전히 빗나갔다. 테리가 선택한 태도는 '놀란'이었는데, 나는 그가 화가 났다고 생각했다. 테리가 '친절한'을 선택했을 때도 나는 그가 걱정스러워하고 있다고 생각했다.

> **말과 동작이 동일한 메시지를 전달하지 못한다면, 사람들은 혼란에 빠져 당신에게서 돌아서게 될 것이다.**

이번에는 역할을 바꿔보았다. 흥미롭게도 테리는 나의 태도를 정확히 알아차렸다. 다시 역할을 바꿔 한 번 더 테리에게 선택권을 주었다. 나는 시작하기 전에 잠시 눈을 감고 호흡에 집중하면서, 실제로 그런 감정을 느꼈을 때를 떠올리며 말을 해보라고 주문했다. 빙고! 이번에는 제대로 효과가 있었다. 그가 지닌 사업가로서의 기질

이 감정적인 측면에서는 방해가 되어왔던 것이다. 차분하게 숨을 고르고 흥분을 가라앉힐수록 그의 목소리에서는 실제 감정이 진솔하게 배어 나왔다.

어떤 경우에든 설득력을 갖기 위해서는 먼저 상대방이 당신을 믿을 만한 사람으로 받아들여야 한다. 그런데 말과 행동이 일치되어 있지 않으면 말과 모순된 행동을 하는 사람으로 인식되고, 사람들은 당신을 미심쩍은 눈으로 바라볼 것이다. 이제 통일된 모습을 보여주는 방법을 터득한 테리에게 관계에 대한 고민은 과거의 문제일 뿐이었다.

말투와 목소리도 중요하다

단지 보디랭귀지를 상대방과 일치시키는 것만으로도 훨씬 효과적으로 다른 사람과 호의적인 관계를 맺고 내 편으로 만들 수 있다. 그것은 마치 이런 메시지를 보내는 것과 같기 때문이다. "당신이 어떤 기분일지 이해해요. 나도 당신과 같은 심정이거든요." 이제 한 걸음 더 나아가서 상대방의 말투를 따라 하며 일치시켜보자. 다른 사람과 말투를 일치시키면 자연스럽게 신뢰 관계를 형성할 수 있다. 직접 얼굴을 마주하고 만나는 경우뿐만 아니라, 전화와 같이 목소리로만 대화를 나누는 경우에도 마찬가지다. 상대방의 기분과 에너지, 페이스에 맞추려 노력해보자. 말투는 말하는 속도와 높낮이, 음색, 목소리의 크기에 의해 결정된다.

이번에는 당신이 만나는 사람과 목소리 크기, 말하는 속도, 음색, 높낮이를 맞추는 놀이를 해보자. 너무 지나치지 않게 필요한 정도로만 살짝 따라 해보자.

간단한 예로 말이 빠른 사람은 그렇지 않은 사람, 다시 말해 말이 느린 사람을 가장 견디기 힘들어 한다. 조용한 사람은 기차 화통을 삶아 먹은 듯한 목소리로 고래고래 소리 지르는 사람을 싫어하고, 부드럽게 말하는 사람은 늘 투덜대며 짜증스럽게 말하는 사람을 가장 지겨워한다. 이만하면 무슨 말인지 감이 올 것이다.

누군가의 목소리와 태도, 보디랭귀지를 의도적으로 따라 하다 보면 그 사람의 감정이 그대로 당신에게 전달될 것이다. 당신도 그들과 똑같이 느끼기 시작하는 것이다.

14

피드백 주고받기

테리가 지닌 가장 큰 문제는 피드백을 주고받는 데 서툴 렀다는 점이다. 직접 얼굴을 마주하는 커뮤니케이션의 경우, 다른 사람에게서 받는 피드백은 대화의 흐름 이상의 것을 조절하고 통제한다. 몸의 리듬, 감정의 균형, 정신적·육체적 건강까지도 모두 피드백으로부터 영향을 받는다. 어떻게 보면 우리는 사람들로부터 받는 피드백 없이는 살아갈 수가 없다.

톰 행크스가 주연을 맡은 〈캐스트 어웨이 Cast Away〉라는 영화가 있다. 무인도에 홀로 떨어진 그가 심리적, 정서적으로 살아남을 수 있었던 이유는 말을 건넬 수 있고 피드백을 해줄 수 있는 누군가를 만들어냈기 때문이다. 그는 배구공으로 사람의 머리를 만들고(이름은 '윌슨'이라고 지었다) 인격을 부여했다. 그때부터 윌슨은 그의 가장 친한 친구가 되었다. 그는 윌슨에게 말을 걸고, 느낌을 공유하고, 조언을 구하기도 했다. 이처럼 윌슨과 깊은 정서적 교감을 나누었기 때문에 그는 미치지 않고 제정신으로 살아남을 수 있었다.

어쩌면 영화를 보지 않은 사람에게는 말도 안 되는 소리처럼 들릴 수도 있겠지만, 다른 사람의 피드백이 없으면 우리 몸의 리듬은 혼란에 빠지고 쉽게 병에 걸리게 된다는 것만은 사실이다.

피드백은 다른 사람과 관계를 만들어갈 때, 앞으로의 만남의 질을 결정하기도 한다. 혼자서 테니스를 친다고 상상해보자. 공을 탁쳐서 네트 너머로 날려 보내도 공은 돌아오지 않는다. 그러면 다시 다른 공을 쳐야만 한다. 그리고 또 다른 공으로, 또 다른 공으로……. 그러다 보면 곧 지치고 싫증이 난다. 이와 마찬가지로 피드백을 주지 않는 사람은 상대방을 지루하고 곤혹스럽게 만든다. 그에 따라 그들의 커뮤니케이션은 일방으로 흐르고 만다.

> **벽에 대고 말하는 것을 좋아하는 사람은 아무도 없다. 상대에게 반응을 보이면 그와의 관계는 더욱 돈독해진다.**

모름지기 관계를 맺는다는 것은 두 사람 간의 합의다. 두 사람은 각자 서로에게 용기를 북돋아준다. 만약 당신이 내게 흥미를 보이고 흥미 있는 것처럼 행동한다면, 나는 당신이 흥미가 있다고 생각할 것이다. 그런데 당신이 아무런 반응을 보이지 않는다면, 나는 당신이 내게 전혀 흥미를 느끼지 못한다고 생각할 것이고, 어딘가 다른 곳으로 가버릴 궁리를 하게 될 것이다.

그러므로 관계를 잘 맺기 위해서는 얼굴 표정뿐 아니라 온몸으로 당신이 관심과 흥미가 있다는 사실을 보여주어야 한다. 몸을 앞으로 숙이거나 옆으로 기대거나 의자 끝에 걸터앉거나, 혹은 미소를 짓거나 얼굴을 찡그리거나 해야 한다. 또는 어깨를 으쓱이거나 고개를 끄덕이고 손을 번쩍 들거나, 큰소리로 웃거나 소리를 지른다거나 하는 반응을 보여야만 한다! 지금부터는 직장 상사나 고객, 동료와 함께 이야기를 나눌 때 적극적으로 피드백을 주자. 사원들이 끊임없이 거론하는 직장 상사에 대한 가장 큰 불만은 도무지 피드백을 주지 않는다는 것이다.

당신이 존경하는 사람을 포함해 다른 사람들은 어떤 방식으로 피드백을 주는지 살펴보자. 그리고 오히려 역효과를 내는 피드백, 관계를 악화시키는 피드백에는 어떤 것이 있는지도 주의 깊게 살펴보자. 피드백은 될 수 있는 한 미묘하지만 차이를 감지할 수 있을 정도로 하는 게 좋다. 그 피드백에 대한 사람들의 반응도 눈여겨보자.

최근에 진행한 워크숍에서 나는 먼저 참가자들에게 질문지를 나누어주었다. 그런 다음 답안지를 다 채우면 언어를 사용하지 않고서 내게 그 사실을 알리고, 내가 그 메시지를 받았는지 확인하라고 했다. 그랬더니 얼마나 다양한 반응들이 나왔는지, 깜짝 놀랄 정도였다. 손을 흔드는 사람부터 윙크를 하는 사람, 안경을 고쳐 쓰는 사람, 코를 만지작거리는 사람, 활짝 웃으며 고개를 끄덕이는 사람, 거의 알아차릴 수 없을 정도로 살짝 눈을 찡긋하는 사람까지 반응이 그야말로 천차만별이었다.

> 사람들은 대체로 상대의 반응이 섬세하고 미묘할수록 더 친밀감을 갖게 된다.

사람들은 일반적으로 반응이 미묘하고 섬세할수록 더 큰 친밀감을 갖게 된다. 경매 과정을 살펴봐도 어떤 사람은 손을 흔들거나 큰 몸짓으로 입찰을 하지만, 경험이 많은 입찰자는 거의 알아차리기 어려울 정도로 살짝만 움직여 신호를 보낸다. 그 섬세한 움직임으로 나름의 자신감을 표출하는 것이다.

요점은 피드백을 제대로 잘하면 사람들은 당신이 자신에게 집중하고 있다고 느낄 것이며, 자기가 하는 말이 당신에게 영향을 미치고 있다고 생각하게 될 것이란 점이다. 큰 그림에서 보면 인생은 모두 피드백으로 이루어져 있다고 해도 과언이 아니다. 실제로 우리가 하는 모든 행동은 피드백의 순환이자, 어떤 자극에 대한 반응이다.

모름지기 자신이 원하는 것이 무엇인지를 알고, 그것을 얻기 위해 행동을 하고, 거기에서 얻는 피드백을 바탕으로 행동을 바꾸어서 마침내 원하는 것을 성취해가는 것이 우리의 인생이다. 그러므로 피드백을 잘 다룰수록 우리의 삶은 한층 풍요로워진다고 할 수도 있다.

누군가와 관계를 맺으려 할 때, 그것이 업무적인 것이든 아니든 당신의 목표는 거절당하지 않고 환대를 받으며 그 사람의 공간으로 들어가는 것이다. 태도를 가다듬고 마음을 열고 상대방에게 행동을 맞추자. 그러면서 말과 동작을 일치시키고 피드백을 주고받으며 적극적인 반응을 보인다면, 상대방의 본능적인 긴장과 경계도 눈 녹듯이 사라질 것이다.

피드백 훈련

피드백 놀이를 해보자. 누군가와 대화를 나누거나 회의에 참석할 때, 상대방에게 동의한다(혹은 동의하지 않는다)는 표시를 오로지 보디랭귀지로만 보여줄 수도 있고(고개를 끄덕이거나, 미소를 짓는 식으로), 오로지 말로만 보여줄 수도 있고(예, 아니오, 물론이지, 왜? 같은 말), 두 가지를 다 이용할 수도 있다. 1~2분 정도 피드백을 주다가 잠시 멈추어보자. 그런 다음 말없이 보디랭귀지로만 피드백을 주고, 다음에는 말로만 피드백을 준다. 그리고 두 가지를 다 사용해 피드백을 주다가 아무런 피드백도 주지 말아보자. 자신이 얼마나 작은 동작으로 얼마나 섬세한 피드백을 줄 수 있는지 가늠해볼 수 있을 것이다.

뇌는 긍정형의 정보만 처리한다

15

당신은 냉장고 안 어디쯤에 우유가 놓여 있는지 알고 있는가? 물론 알고 있을 것이다. 그런데 어떻게 그 사실을 아는 걸까? 설명하자면 이렇다. 질문을 받는 순간, 당신은 순식간에 냉장고 안의 모습을 떠올려 우유가 어디 있는지를 마음의 눈으로 확인한 것이다. 놀랍지 않은가. 롤링 스톤스The Rolling Stones의 노래 가운데 가장 좋아하는 곡은 무엇인가? 노래가 떠올랐는가?(당신이 좋아하는 다른 밴드의 노래라도 상관없다.) 어떻게? 당신이 머릿속에 저장된 그 노래를 찾아내 재생한 것이다. 또다른 질문을 해보자. '모래' 하면 어떤 느낌이 드는가? 이 역시 마찬가지다. 머릿속에서 모래와 연관된 경험을 떠올린 뒤 거기서 감각적 정보를 불러오는 것이다.

보고, 듣고, 느끼는 것……. 이것이 바로 뇌의 언어이다. 입에서 나오는 말은 감각에 의해 뇌에 입력된 자료가 표현되는 것이다. 이번에는 아무것도 하지 않는 자신의 모습을 그려보자. 무엇인가를 느끼지도, 보지도 않는 모습을 그려낼 수 있는가? 아마 불가능할 것이다. 뇌는 부정형의 모습, 소리, 느낌은 처리할 수 없기 때문이다.

개에게 밥을 주지 않는 모습을 마음의 눈으로 떠올릴 수 있는가? 불가능한 일이다. 머릿속에 떠올릴 수 있는 것들은 모두 무엇인가를 하고 있는 나의 모습이다. 개 옆에 서 있거나, 개와 산책을 하거나, 개와 함께 달리기를 하는 것 말이다. 이것들이 모두 개에게 밥을 주지 않는 모습이다. 뇌는 이렇게 긍정형의 정보만을 처리한다. 뇌는 이 정보를 오감의 경험을 통해 받아들이고, 그것을 감정의 믹서mixer에 넣고 능숙하게 조작한다. 이것이 바로 상상력이다.

최근 나는 사무실에 컴퓨터 시스템을 새로 설치했다. 설치를 도와준 직원에게 고맙다고 인사하자, 그녀는 이렇게 대답했다. "아니에요. 별문제 아니었어요."

> **즐거움으로 볼 것인가? 문제로 볼 것인가? 이것이 우리의 인생을 바꾼다.**

문제라고? 대체 문제라는 말이 갑자기 왜 튀어나온 거지? 나는 지금까지 이 상황이 문제라고는 조금도 생각해보지 않았다. 다시 한 번 시도해보자. "오늘 애써주셔서 감사합니다." 그녀는 이번에는 이렇게 대답했다. "잘돼서 저도 즐거웠어요." '즐거웠다'고? 이제 좀 나은 것 같다.

언제라도, 심지어 잠재의식 속에서라도 문제보다는 즐거움을 가져오도록 하자. 우연히 누군가를 만나 인사를 나눌 때, "힘드시죠, 요즘 어떻습니까?"와 "정말 반갑습니다" 중에 어떤 인사말이 더 기분 좋게 들릴까?

가장 간단한 수준에서 시작해보자. 개에게 "점프해"라고 말하며 뛰어오르는 기술을 가르친 다음, 똑같은 말투와 목소리로 "점프하지 마"라고 말한다면 개는 어떻게 할까? 당신 생각이 맞다. 그래도 개는 점프를 한다. 언어 처리 능력이 있는 인간도 "점프하지 마"라는 말을 들으면 우선 점프부터 떠올리고, 그러고 난 뒤에야 다른 무언가를 할 생각을 하게 된다. 이것은 '하지 마'와 같은 부정어가 진짜 언어가 아니기 때문이다.

> **❝** 단어를 선택할 때 말이 담고 있는 메시지에 유의해야 한다. "별문제 아니었어요"보다는 "저도 즐거웠어요", "천만에요, 언제든지 환영이에요"라고 말하라. **❞**

이렇게 '하지 마'를 비롯해 우리가 일반적으로 사용하는 부정어가 뇌에 입력되지 않는다면, 딸에게 아무리 "방 좀 어질러놓지 마라"라고 말해봐야 딸이 먼저 무슨 생각부터 할지 뻔하지 않은가?

얼마 전 나는 한 리조트 행사에서 기조연설을 한 적이 있다. 회의장 옆으로는 굴곡진 모양의 수영장이 있었다. 협회장은 환영사를 하다가 무심코 청중에게 이런 우스갯소리를 했다. "수영장에 뛰어드시면 안 돼요." 그 말을 들은 사람들은 이내 자신이 수영장에 풍덩 뛰어드는 모습을 떠올렸고, 그와는 달리 연설을 듣고 앉아 있는 현실에 대해 따분해하는 표정을 드러냈다.

우리도 흔히 "이번 거래를 망쳐서는 안 돼"라고 말하면서 마찬가지로 거래를 망치는 상황을 떠올리곤 한다. 편지를 쓸 때도 그렇다.

"좀 더 알고 싶으면, 주저하지 말고 연락 주십시오"라는 말로 인사를 끝내는 경우가 많지 않은가? 매일같이 사용하는 말로 고객이나 거래처 직원, 동료, 환자 또는 학생들의 마음에 부정적인 암시를 심어주는 경우는 의외로 많다. 물론 그 말뜻을 상대방이 알아듣기만 하면 상관없지 않느냐고 의미론적인 측면에서 옹호할 수도 있다. 틀린 말은 아니다. 그러나 뇌는 어떤 행위를 먼저 떠올리고 나서야 그것을 대체하는 반대 행위를 떠올린다는 사실을 항상 유념할 필요가 있다. 그것이 우리에게 분명 도움이 되기 때문이다.

다음과 같은 말을 했을 때 과연 고객, 상사, 부하 직원들의 머릿속에는 어떤 생각이 떠오를지 생각해보라. 이 가운데서 긍정적인 메시지와 부정적인 메시지를 구별해보기 바란다.

- "시세가 좀 떨어졌다고 걱정할 것 없어."
- "별문제 아니야."
- "장기적으로 투자를 해."
- "허둥대지 말라고!"
- 무모한 일은 일절 하지 않을 거야."
- "더 알고 싶은 게 있으면 내게 전화해."
- "그의 말을 그렇게 심각하게 여기고 싶진 않아."
- "우리는 만반의 준비가 되어 있어."
- "하나도 안 아플 거야."
- "너는 잃을 게 전혀 없어."

- "즐거웠어."

이 대목에서 앞서 설명한 'KFC' 가운데 K(자신이 원하는 것이 무엇인지를 알고, 그것을 긍정적인 메시지로 표현하라)를 다시 한 번 상기하자. 비즈니스를 할 때는 자신이 어떤 식으로 언어를 사용하는지 늘 신경 쓰고, 직원들도 항상 주의하도록 분위기를 만들어갈 필요가 있다. 또 언제 어디서나 긍정적으로 생각하고 말하는 습관을 들이는 것도 중요하다. 일단은 부정적으로 말하지 않는 연습부터 시작해보자.

16 뇌의 언어로 말하라

처음 만난 사람들과 소통할 때, 선의善意로 한 말이 전혀 의도하지 않은 결과를 불러일으키는 경우가 종종 있다. 최근에 내가 탑승한 비행기의 조종사가 기내 방송으로 한 말이 그랬다. "승객 여러분, 안녕하십니까? 저는 이 비행기의 기장입니다. 여러분을 모시게 되어 기쁩니다. 우리 비행기는 지금 정상 항로에 진입했음을 알려드리며, 잠시 안내 말씀을 드리겠습니다. 비행 중에는 악천후가 예상되지 않으므로 돌풍을 만날 우려는 없습니다. 예정대로 순항한다면, 정시에 런던 공항에 도착하는 데 별문제가 없을 것으로 생각됩니다."

헉! 그때 갑자기 우려했던 '비행 공포증'이 한순간에 밀려왔다. 그전까지만 해도 그저 예감이 좋은 날이었다. 공항까지 순탄하게 왔고, 탑승 수속도 원만하게 이루어졌으며, 좌석도 맘에 들었다. 그런데 지금 조종사가 비행기를 자주 타는 사람들이 가장 두려워하는 것들(기체가 흔들리는 것, 악천후, 목적지에 정시에 도착하지 못하는 것

등등)을 일일이 열거한 것이다. 이런 감정을 느낀 사람이 나 한 사람만은 아닌 듯했다. 다른 승객들도 불안한 눈길을 서로 주고받았으니까.

이 조종사는 자신이 하려 했던 말을 긍정형으로 전하지 않았기 때문에 승객과 소통하는 데 실패했다. 정작 그가 하고 싶었던 말은 이런 것이었다. "순조로운 비행이 될 것이니 의자에 기대어 편히 쉬시기 바랍니다. 우리 비행기는 정시에 도착할 예정입니다." 실제로 그랬다. 하지만 하고 싶은 이야기를 긍정적으로 표현하지 않았기 때문에, 결과적으로 승객들로 하여금 머릿속에 온갖 부정적인 이미지를 연상하게 만들고 말았다.

인간의 뇌가 오감을 통해 받아들인 정보와 경험을 처리할 때, 이들 감각은 언어로 바뀐다. 어떻게 보면 우리가 일상적으로 하는 일은 여섯 가지에 불과하다. 이 여섯 가지 중에서 다섯 가지는 보고, 듣고, 느끼고, 냄새 맡고, 맛을 보는 감각 기관과 관련되어 있다. 나머지 한 가지 일은 무엇일까? 바로 그 모든 것을 언어로 변환하는 것이다. 우리는 경험을 말로 처리하고, 그것을 통해 사람들과 커뮤니케이션을 한다.

우리는 매일 밖으로 나가 감각을 통해 세상을 경험한다. 그리고 그 경험을 처음에는 자신에게, 그 다음에는 다른 사람에게 설명한다. 자신의 경험을 설명할 때도, 먼저 속으로 생각한 뒤에야(스스로에게 말하는 것이다) 세상을 향해 말하게 된다.

우리는 삶의 상당 부분을 자신의 경험을 설명하는 데 할애한다. 이것은 다른 사람과 관계를 맺는 핵심 요소 가운데 하나이다. 하지만 설명한다는 것은 쉬운 일이 아니다. 대부분의 사람들이 지니고 있는 문제는 일정하게 정해진 패턴으로만 경험을 설명한다는 점이다. 그러다가 아무 생각 없이 기계적으로 설명하기도 한다.

일반적으로 사람들은 저마다 설명하는 방식을 가지고 있다. 이렇게 각자 설명하는 방식이 조금씩 다르지만 경험을 자기 자신에게나 다른 사람에게 설명하는 방법은 크게 두 가지로 나눌 수 있다. 하나는 긍정적인 설명 방식이고, 다른 하나는 부정적인 설명 방식이다.

긍정적인 설명 방식에 익숙한 사람은 열정이 넘치고, 낙관적이며, 기회를 잘 포착하는 사람이라는 인상을 준다. 반대로 부정적인 설명 방식에 젖은 사람에게는 항상 문제를 지적하는 현실주의자이자 염세주의자라는 꼬리표가 붙게 된다. 이처럼 설명 방식은 태도에 영향을 미치고, (당신도 이제 잘 알겠지만) 태도는 주위 사람에게 쉽게 전파된다.

앞에서 얘기한 비행기 조종사는 기내 방송을 통해 실용적이고 현실적인 사람이라는 느낌을 주려고 했는지 모르겠다. 그러나 평소 몸에 밴 그의 설명 방식은 단어 선택에 영향을 미쳤고, 그 결과 그런 부정적인 말을 하게 된 것이다. 다행히도 우리는 얼마든지 자신의 설명 방식을 선택할 수 있고, 그에 따라 태도를 만들어갈 수 있다. 그리고 이런 습관이 익숙해지면 다른 사람에게 어떤 느낌을 줄지, 당신에 대해 어떤 인상을 갖게 할 것인지를 정해 그에 맞는 모습을 만들 수 있다.

정리를 하자면 이렇다. 경험은 말로 변환되고, 말은 행동으로 이어진다. 행동은 습관으로 자리 잡고, 그 습관은 성격을 형성하며, 성격은 결국 운명을 결정짓는다.

17 '때문에'의 힘

어떤 일이 일어났을 때 우리는 그 이유를 설명하려는 본능적인 충동을 느끼게 된다. 이럴 때 사용하는 최고의 도구가 인과 관계 진술이다. 인과 관계 진술을 하는 데도 역시 두 가지 방식이 있다. 하나는 원인을 외부의 탓으로 돌리는 것이다. "그 멍청한 경리 때문에 완전히 기분 망쳤어." 또 다른 하나는 원인을 내부에서 찾는 것이다. "나는 천재인가 봐."

어느 쪽이 항상 옳다고 말할 수는 없다. 그런데 어느 쪽이 옳은지를 알아내는 열쇠는 경우에 따라 아주 간단한 하나의 단어를 얼마나 적절히 사용하는지에 달려 있기도 하다. 훌륭한 연결 장치 노릇을 하는 그 단어는 바로 '왜'이다.

아이들은 이 사실을 잘 알고 있다. 아이들은 훌륭한 인터뷰 진행자다. 아이들의 뇌에는 "왜요?", "우리는 왜 여기로 가는 거죠?", "저 사람은 왜 코에 저런 것을 걸고 있어요?", "왜 그렇게 빨리 달려요?" 같은 질문을 하도록 어떤 프로그램이 깔려 있는 것 같다. 이것은 타고난, 다시 말해 자연스러운 호기심이다. 그러나 안타깝게도 이 선천적인 호기심은 오래지 않아 컴퓨터의 윈도우 창에서 자주 그러듯이 최소화되고 만다. "왜? 왜? 왜?"라고 쉴 새 없이 질문해대는 아이들에게 질려버린 어른들이 그들의 호기심을 무참히 짓밟고 억누른 탓이다. 그런데 어른이 되어 이제 사라졌겠지 하는 순간, 호기심이란 놈은 간혹 우리 안에 남아서 배후 조종을 하기도 한다.

우리는 논리적으로 추론하고, 비교하고, 무엇보다 중요한 피드백 과정을 거치면서 진화해간다. 이 과정에서 "왜?"라고 묻는 본능, 즉 호기심은 반드시 필요한 핵심 요소이다. 원인만 있거나 결과만 있는 상황보다 인과 관계가 있는 상황에서 정보가 훨씬 더 만족스럽게 전달되기 때문이다. 그 이유는······.

여기서 잠깐! 나는 앞의 문장을 '그 이유는'이라는 말을 쓰지 않고 끝낼 수도 있었다. 하지만 '그 이유는'이라는 말을 넣으면, 당신의 자연스러운 호기심을 논리적으로 충족시켜줄 훨씬 더 만족스러운 무언가가 나올 것 같은 느낌을 준다. 한편으로는 인과 관계를 완벽하게 설명해줄 것이라는 기대감도 갖게 해준다. 다시 말해 '이렇게 하면 저렇게 된다'는 식의 설명을 제공하는 것이다.

자, 어떻게 하면 이와 같은 방법을 당신의 비즈니스나 일상 생활에서 유용하게 활용할 수 있을까?

어떤 일을 할 때, 사람들에게 그 이유를 말해주면 반응하는 태도가 확 달라진다. 대개의 경우 사람들은 그 일을 왜 해야 하는지 이유를 알게 되면 그 요청에 기꺼이 따르려고 하기 때문이다. 하버드 대학의 사회 심리학자인 엘렌 랭어Ellen Langer는 연구를 통해 이 사실을 증명했다. 그 연구에 따르면, 사람들은 적당한 자극을 주면 별생각 없이 자동적으로 반응을 보였다고 한다. 여기서 자극이란 인과 관계에 대한 설명을 말한다.

실험은 다음과 같이 진행되었다. 복잡한 도서관에서 복사기 앞에 줄을 서 있는 사람에게 다가가 이렇게 말하는 것이다. "죄송하지만, 다섯 쪽짜리인데요. 너무 급해서 그러는데, 제가 먼저 사용하면 안 될까요?" 이렇게 부탁했을 때 성공률은 무려 94%나 됐다. 잠시 후 같은 복사기 앞에 줄 서 있는 다른 사람에게 가서 이야기했다. "죄송하지만, 다섯 쪽짜리인데요. 제가 먼저 사용하면 안 될까요?" 성공률은 60%로 뚝 떨어졌다. 여기까지는 크게 놀랄 것도 없다. 정말 놀라운 것은 이제부터다. 얼마 후

> 그 일을 왜 해야 하는지 이유를 설명하면, 훨씬 더 많은 사람들이 순순히 따를 것이다.

다시 줄 서 있는 사람에게 다가가 이렇게 말했다. "죄송하지만, 다섯 쪽짜리인데요. 복사를 해야 하기 때문에 그러는데, 제가 먼저 사용하면 안 될까요?" 성공률은 다시 93%로 쭉 올라갔다.

이렇게 긍정적인 반응이 자동적으로 나온 까닭은 이유, 혹은 최소한 이유처럼 보이는 것을 들어서 말했기 때문이다. 다시 말해 사람들은 어떤 결정을 내리거나 그들의 행동을 정당화하기 위해 이유가 필요했던 것이다. 랭어의 실험은, 정말 이유 같지 않은 이유라 하더

라도 이유인 것처럼 보이기만 하면 충분히 긍정적인 반응을 이끌어 낼 수 있는 사실을 보여준다.

'때문에'라는 말은 대개 어떤 정보가 제시된 후 거기에 뒤따르는 말로, 사람들에게 방아쇠처럼 작용한다. 이 실험에서처럼 심지어 구체적인 정보가 없었음에도 불구하고, "그러세요"라는 일정한 반응을 불러일으킬 만큼 큰 힘을 가지고 있다. 이는 악수를 할 때도 마찬가지다. 누군가가 오른손을 내밀어 악수를 청하면, 아무 생각 없이 당신도 덩달아 오른손을 내밀게 된다.

누군가와 빨리 관계를 맺고 싶다면 '때문에'를 활용해 말을 이어가라. 성공 확률이 현저하게 높아질 것이다. 예를 들어, Q라는 회사와 거래를 하고 싶다고 하자. 그 회사의 실세를 만나 얘기할 때 그저 "만나서 반갑습니다"라는 말로 그치지 말고, "XYZ와 함께 해오신 선구적인 작업들에 대해 많이 읽어봤기 때문에……"라는 식의 말을 덧붙이란 얘기다.

18 선호하는 감각에 호소하라

스위스의 정신의학자이자 심리학자인 카를 융Carl Jung은 환자들을 보면서, 그들이 서로 다른 방식으로 자신의 경험을 전달한다는 사실을 알게 됐다. 어떤 이들은 장면으로 설명하고, 어떤 이들은 소리로 설명하고, 또 다른 이들은 느낌으로 자기의 경험을 이야기했다.

언젠가 나는 마이애미에서 새로운 광고 캠페인에 사용할 '유람선 여행' 사진 작업에 참여한 적이 있다. 광고 대행사에서는 조사 결과를 바탕으로 내게 새로운 관점을 제시해주었다.

"휴가를 가면 누구나 좋은 음식을 먹고, 신선한 공기를 마시기를 원합니다. 그건 기본이죠. 우리 모두 익히 알고 있는 사실입니다. 그런데 조사를 해봤더니, 사람에 따라 감각적으로 선호하는 부분이 달랐습니다. 휴가지를 고를 때 아름다운 풍경을 최우선으로 고려하는 사람들이 있는가 하면, 쾌적하고 활기가 넘치는 곳인가 하는 점을 보는 사람도 있고, 평화롭고 고요한 곳인가 하는 점을 먼저 보는 사람들도 있었지요. 휴가지를 결정할 때 이 세 가지가 모두 중요하게 작용하겠지만, 결국 최종 결정은 휴가지가 그 사람의 감각적인 선호도를 어떻게 만족시켰느냐 하는 데 달려 있었습니다." 그리고 광고 대행사 사람들은 내게 시각, 청각, 신체 감각을 특히 선호하는 세 유형 모두를 매혹시킬 만한 사진을 각각 찍어달라고 요청했다.

융이 들었다면 뿌듯해할 일이 아닌가. 고객의 마음을 끌어당기고 공감을 얻어내기 위해 취한 광고 대행사의 전략은 사실 우리 모두에게 해당하는 이야기다. 사람들은 각자 다른 감각을 통해 각기 다른 세상을 인식하고 받아들인다. 그러므로 사람들을 설득하고 적절한 관계를 맺기 위해서는, 그들이 선호하는 감각이 무엇인지부터 알아내는 것이 중요하다.

사람은 청소년기에 이르러 보고, 듣고, 느끼는 세 가지 감각 중에 좀 더 선호하는 감각이 생겨나고, 그 감각을 통해 세상을 해석한다. 물론 모든 감각을 다 사용하기는 하지만, 대개 그중 하나가 나머지 둘보다 우선하는 경향이 있다. 어떤 사람들은 시각에 더 의존하고, 다른 사람들은 청각에, 또 다른 사람들은 촉각과 같은 신체 감각에 더 비중을 둔다. 자기 자신이나 다른 사람과 커뮤니케이션을 할 때도 이 선호하는 감각을 주로 사용한다. 한 연구 조사에 따르면 사람들의 55%는 눈으로 보는 것에, 30%는 신체적으로 느끼는 것에, 15%는 귀로 들리는 것에 더 강하게 반응한다고 한다. 또 다른 조사에서는 각각 40%, 40%, 20%로 나뉘기도 한다.

분명한 것은 가장 효과적으로 커뮤니케이션을 하려면 상대방에게 맞추어 당신의 커뮤니케이션 방식을 바꿔야 한다는 사실이다. 상대가 영상을 통해 생각한다면 영상을 통해 이야기하는 것이 좋고, 그것이 쉽지 않다면 최소한 어떻게 보이는지에 대해서라도 언급하는 것이 좋다. 마찬가지로 상대가 소리를 선호한다면 어떻게 들리는지에 대해, 신체 감각을 중요하게 여긴다면 어떻게 느껴지는지에 관해 이야기할 필요가 있다.

> **누군가를 설득하거나 동기를 부여하고 싶다면, 영상이나 느낌이나 소리에 근거한 메시지를 전달해야 한다.**

가령 내가 여행사 직원인데, 누군가가 나를 찾아와서 "휴가 때 여행을 가고 싶습니다"라고 말했다고 하자. 그런데 그 사람이 신체 감각에 의존하는 사람이라는 사실을 바로 알아차렸다면, 나는 이렇게 얘기할 것이다. "부드러운 모래와 따뜻한 바닷물, 편안한 침대가 있는 곳이 있는데, 어떠신가요?" 그 사람에게 주로 느낌을 말해주는 것이다. 왜냐하면 그 사람은 느낌을 기준으로 결정을 내리기 때문이다.(자기도 모르는 사이에 말이다.)

만일 그 사람이 청각에 의존하는 사람이라면 얘기는 이렇게 달라진다. "도시의 시끌벅적한 소음에서 완전히 벗어나 들리는 건 온통 파도 소리와 갈매기 소리뿐인 곳이 있는데, 어떠세요?" 또한 그 사람이 시각에 의존하는 사람이라면 그냥 사진을 보여주면 된다. "이 사진 좀 보시겠어요?"

당신은 내게 묻고 싶을 것이다. 첫눈에 어떻게 그걸 다 알아낼 수 있느냐고. 그러면 다음 장에서 사람을 처음 만나는 순간에 내가 눈여겨보는 몇 가지 단서를 통해 그 실마리를 찾아보자.

눈이 말해주는 단서

눈을 보면 그 사람이 어떤 생각을 하고 있는지 의미 있는 단서를 찾을 수 있다. 시각적인 사람들은 위쪽을 보는 경우가 많다. 그에 비해 청각적인 사람들은 귀를 향해 오른쪽이나 왼쪽으로 시선을 움직이는 경우가 많고, 신체 감각적인 사람들은 아래를 바라보는 경향이 있다.

그 이유는 일반적인 정보를 언어 코드로 바꾸어 저장하거나 그것을 표현할 때 저마다 선호하는 한 가지 감각이 있기 때문이다. 만약 누군가가 "비틀즈 공연 어땠어요?"라고 묻는다고 하자. 시각적인 사람들은 콘서트 장면을 떠올릴 것이고, 청각적인 사람들은 그 소리를, 신체 감각적인 사람들은 현장의 느낌을 떠올릴 것이다.

그런데 이때 눈을 보면 상대방에 대해 더 많은 것을 알 수 있다. 심지어 그 사람이 무엇을 하고 있는지도 파악할 수 있다. 오른쪽 옆이나 위를 쳐다본다면 대답할 말을 생각하고 있는 것이고, 왼쪽 옆이나 위를 쳐다본다면 뭔가를 기억해내는 중이라는 의미로 읽을 수 있다.

19

의도적인 라포르

시각적인 사람들은 사물의 모양에 관심을 기울인다. 그들은 마음의 눈으로 빠르게 영상을 포착하므로, 자기 눈에 보이는 것을 상대는 왜 곧바로 보지 못하는지 이해하지 못한다. 그래서 대개 높은 톤으로 빠르게 말하는 편이고, 이야기를 할 때도 단도직입적으로 본론에 들어간다. 이런 사람들은 어떤 결정을 내리기 전에 반드시 상대가 주장하는 바에 대한 증거나 물증을 보고 싶어 한다. 호흡을 할 때도 가슴 위쪽으로 빠르게 숨을 쉰다. 외관을 중시하기 때문에 옷차림에 항상 신경을 쓰고, 서 있을 때나 앉아 있을 때나 꼿꼿한 자세를 유지한다. 말을 할 때 눈을 마주치는 것을 좋아하고, 지저분하고 어수선한 것을 가장 싫어한다.

이런 사람들은 계속해서 시각적인 관점에서 이야기를 한다. "이제 그 가능성을 보았으니, 미래를 바라볼 수 있겠습니다", "내가 보기에는 우리의 목표가 눈에 보이는 듯합니다." 일반적으로 사람들은 뭔가를 머릿속에 떠올릴 때, 왼쪽 위나 오른쪽 위를 쳐다본다.(가령 누군가가 "어떤 색 셔츠를 좋아하시죠?"라고 묻는다면, 당신의 눈은 어디로 향할까?) 또 이들은 두 손을 위로 혹은 밖으로 휘저으면서 이야기하고, 때로는 말하면서 허공에 그림을 그리기도 한다.

청각적인 사람들은 사물의 소리에 관심을 기울인다. 이런 사람들은 입심이 좋고 설득력이 있으며, 대개 부드럽고 매력적인 목소리를 지니고 있다. 또 모험적인 생각을 많이 하는 편이다. 시각적인 사람들보다는 천천히 말하고, 가슴 아래쪽에서 일정한 속도로 차분히 숨을 쉰다. 그들은 자신의 옷차림을 상세하고 정교하게 말로 표현한다. 그리고 귀를 기울일 때는 고개를 한쪽으로 약간 돌리는 경향이 있다. 간혹 말소리에 집중하느라 눈의 초점이 흐려지기도 한다. 이런 사람들은 불쾌한 소리나 소음, 목소리 등이 들리면 흥미를 잃어버린다.

누군가가 사물의 소리에 관해 계속해서 이야기한다면, 그 사람은 청각적인 사람이라 보면 맞을 것이다. 이런 식으로 말이다. "그 사람 목소리가 맘에 안 들어", "그 사람 말하는 게 어딘지 친숙하단 말이야", "나는 내 생각을 말할 뿐이지", "그 여자 때문에 정말 말문이 꽉 막힌다니까", "그녀가 멋지게 말하자 천둥소리 같은 박수가 쏟아졌어."

> 상대방이 어떤 감각을 더 선호하는지 알면 그 사람과 바로 통할 수 있는 용어로 말할 수 있기 때문에 두 사람 모두에게 이익이다.

청각적인 사람들은 말하는 동안 눈을 옆으로 움직이는 일이 많고,

마음속에 저장해둔 파일에서 소리를 되살리느라 상대와 눈을 마주치지 않는 경우도 많다. 자신이 말하는 속도와 리듬에 맞추어 몸짓을 하고 말할 때 입이나 턱, 귀를 만지작거리기도 한다.

신체 감각적인 사람들은 사물의 느낌에 관심을 기울인다. 이런 사람들은 대개 감상적이고 느긋하며 직관적이지만, 때로는 낯을 가리면서 신중을 기하기도 한다. 풍채가 당당하거나 몸이 아주 탄탄한 사람은 신체 감각적인 사람일 가능성이 높다. 만지고 느끼는 것에서 만족을 얻고 직접 몸을 움직이는 사람들이어서, 비교적 쉽게 알아볼 수 있다. 이들은 편하면서도 색다른 질감을 좋아하는데, 유행보다는 기능을 중시하는 편이다.

이들 가운데는 듣기 괴로울 정도로 느리게, 지나치게 자세한 묘사를 끝없이 늘어놓는 사람도 간혹 있다. 이런 사람들과 대화를 할 때, 시각적, 청각적 유형의 사람들은 "알아들었으니까 이제 제발 그만하라고!"라고 소리치기 일쑤이다. 이들은 남들보다 낮은 음성으로 더 느리게 말하며, 세세한 것까지 중요시하는 경향이 있다.

이런 유형의 사람들은 신체적으로 느낌이 오는 말을 좋아한다. "하고 싶은 쪽으로 완전히 기울어져 있지", "거치적거리는 게 몇 개 있지만, 모두 정리할 거야", "어수선한 것들은 내가 다 말끔히 처리할게", "구체적으로 뭔가 확실히 감이 올 때, 그 여자에게 연락해서 보여주려고", "우리 모두 진정하자고. 냉정하고 침착해야 해." 또한 기억을 떠올리거나 느낌을 말로 변환하여 저장할 때, 그들은 시선을 오른쪽 아래로 떨어뜨리곤 한다. 숨을 쉴 때도 아랫배로 규칙적으로 호흡한다. 동작은 주로 가슴 아래에서 하고, 손이나 팔은 가슴이나 배 위에 포개놓는 경우가 많다.

   이렇게 당신이 지금 만나고 있는 사람이 어떤 감각에 주로 의존하는지 알 수 있다면, 그 사람과 소통하고 관계를 맺는 것은 결코 어려운 일이 아니다. 그들에게 가장 소구할 수 있는 말을 사용하면, 그들은 당신의 메시지를 듣는 즉시 이해할 테니 말이다.

        라포르Rappor란 두 명 이상의 사람이 서로 믿고 이해하는 관계를 말한다. 시각적인 사람들의 눈에는 시각적인 사람들이 좋아 보이고, 청각적인 사람들의 귀에는 청각적인 사람들의 말이 더 설득력 있게 들린다. 또 신체 감각적인 사람들은 어딘지 모르게 신체 감각적인 사람들에게 끌리게 된다. 이러한 사실은 새삼 놀랄 만한 일도 아니다. 언제든 자연스럽게 라포르가 형성되고 친구가 되는 사람이 있는데, 이는 서로의 관심사와 취향, 감각적으로 선호하는 것들이 비슷하기 때문이다. 이것이 바로 '우연한 라포르'다.

   하지만 비즈니스에서는 라포르의 형성을 우연에 맡겨둘 수만은 없다. 막연히 '우리와 같은 부류의 사람을 만나면 되지'라고 바랄 일이 아니다. 일이란 그렇게 바라는 대로 돌아가지는 않기 때문이다. 그래서 필요한 것이 바로 '의도적인 라포르'다.

   함께 일하는 사람과 서로 믿고 이해하는 관계를 만들기 위해 최선을 다하면(가령 태도를 조절하고 말투와 몸짓, 주로 사용하는 어휘, 선호하는 감각을 서로 일치시키면서 말이다) 그들과 의도적인 라포르를 형성할 수 있다. 그렇게 되면 당연히 서로 거래를 하거나 공동의 목표를 달성하거나 프로젝트를 시작하는 모든 일들이 훨씬 더 쉬워질 것이다.

선호하는 감각에 따른 언어 찾기

왼쪽에 있는 내용은 어떤 사람에 대한 설명이다. 그리고 오른쪽에는 그 사람이 주로 사용하는 표현을 몇 가지 문장으로 열거해놓았다. 먼저 그들이 시각, 청각, 신체 감각 중 어느 것을 선호하는 사람인지 살펴보고, 그 사람에게 어울리는 문장을 오른쪽에서 찾아 짝지어보자.

질은 출장 뷔페 서비스를 제공하는 업체를 성공적으로 운영하고 있다. 혼자 시작해서 지금은 직원이 43명이나 된다. 제빵 기술자이기도 한 질은 지금도 자기를 원하는 곳이라면 어디든 달려가 소매를 걷어붙이고 일을 돕는다. 편안한 옷을 좋아하는 그녀는 느긋하고 친절한 목소리를 갖고 있다.	"우리는 모두 관점이 달라." "기본은 꽉 잡고 있지?" "굉장한 아이디어로 들리는데." "어떻게 그렇게 했는지 보여줘." "확실히 알아들었어." "무슨 말인지 알겠어." "막다른 벽에 부딪히고 말았네." "이 문제를 해결할 불을 밝혀줄 수 있겠니?" "그 이름을 들으니 종이 울리듯 기억이 나네."
하워드는 매사에 진지한 변호사다.	

그는 사실만을 다루며, 늘 증거를 요구한다. 그는 멋쟁이이고, 대화를 할 때는 항상 상대방의 눈을 바라본다. 그리고 상대방도 그렇게 해주길 바란다.

멜리사는 나무에 있는 새도 자기 편으로 만들 수 있는 사람이다. 그만큼 말을 잘한다. 그녀는 20대 초반부터 정치에 몸담아 왔고, 주변에 친구가 아주 많다. 옷차림은 다양한 편이어서, 어떤 자리든 항상 그 자리에 어울리는 옷차림을 연출한다.

"뭔가 콕 꼬집어낼 수가 없네."
"그 여자 말을 듣고 있니?"
"조금만 더 깊이 들어가 보자."

올리버는 사교적이다. 멜리사를 많이 닮았다. 친절한 사람이고, 호기심이 많은 사람이다. 만나는 사람마다 좋은 인상을 준다. 그는 "사람들을 매료시키는" 데 일가견이 있다. "굉장히 매력적이야." 사람들은 그를 만나고 돌아서며 이렇게 말한다. "어떻게 그렇게 말하지?", "무슨 말을 해야 할지 항상 알고 있어.", "보고 싶게 만드는 사람이야.", "눈을 떼기가 어려워." 올리버의 말은 사려 깊고 우아하다. "좋은 생각이 떠오르지 않네.", "기분도 별로 좋지 않아."

◆ 이럴 땐

일단 상대방과 자연스럽게 소통할 수 있고, 또 그가 당신을 신뢰할 수 있을 만큼 편안함을 느끼게 되었다면, 이제 다음 단계로 들어가야 한다. 다음 단계는 그들의 세계와 당신의 세계가 연결되도록 하는 것이다. 이를 위해서 반드시 알아야 할 것이 세 가지 있다. 즉, '개성과 개성은 어떻게 연결되고 서로 반응하는가?', '비즈니스의 본질은 무엇이며, 그 안에서 당신의 역할은 무엇인가?', '이 세상에 당신의 능력과 개성을 확고히 보여주려면 스스로를 어떻게 포장해야 하는가?'이다. 이 세 가지 질문에 대한 해답이 필요하다.

비즈니스란 무엇인가? 자신이 고안해낸 아이디어를 다른 사람들에게 전달하는 것이다. 즉, 한 개성에서 다른 개성으로 메시지를 전하는 것이다. 따라서 여러 가지 색깔의 개성(당신의 개성을 포함해서)을 구별하고 마음을 움직이는 방법을 배운다면, 가장 효과적인 방식으로 당신의 메시지를 전달할 수 있게 될 것이다.

이를 위해서는 먼저 당신을 움직이게 만드는 것이 무엇인지를 정확히 알아야 한다. 그리고 그것을 일과 연결시켜서 지금 자신이 무엇을 하고 있는지, 가야 할 길은 어디인지를 분명히 파악하는 것이 중요하다. 또한 권위와 친근감을 적절히 배합해서 자신의 개성을 포장하면, 다른 사람으로부터 받는 관심의 질과 양이 확연히 달라질 것이다. 어떻게 하면 기분 좋게 경쟁의 우위에 설 수 있을까? 지금부터 하나씩 해답을 찾아보자.

3부

자연스럽게 협력을
이끌어내는 설득의 심리학

20

네 가지 **성격 유형**

비즈니스의 핵심은 좋은 아이디어를 상품으로 만들어 시장에 내놓는 일이다. 다시 말해 좋은 아이디어를 찾아내 그것을 더 큰 아이디어로 키운 뒤 사람들에게 제공하는 것이다.

1762년 샌드위치 백작(본명은 존 몬타규 John Montague)은 좋은 아이디어가 떠올랐다. 그는 도무지 테이블에서 일어날 줄 모르는 유명한 도박광이었는데, 배가 고파지자 하인에게 이렇게 말했다고 한다. "빵 사이에 고기 한 조각을 넣어서 가져다줘." 그리고 이것이 샌드위치의 시작이 되었다.

헨리 하인츠 Henry Heinz의 아이디어는 토마토케첩을 병에 넣는 것이었고, 리바이 스트로스 Levi Strauss가 내놓은 아이디어는 천막 천으로 청바지를 만드는 것이었다. 빌 게이츠 Bill Gates는 세상의 모든 책상 위에 컴퓨터를 놓겠다는 아이디어를 떠올렸으며, 존 킴벌리 John Kimberly와 찰스 클라크 Charles Clark의 아이디어는 콜드크림을 닦아내는 부드러운 티슈로 구체화되었다.

그 결과 오늘날 당신은 청바지를 입고 컴퓨터 앞에 앉아서 치즈 샌드위치를 먹으며 손에 묻은 케첩을 크리넥스 티슈로 닦아가면서 게임을 즐길 수 있게 되었다. 이 아이디어들은 지금까지도 각광을 받는 그야말로 '빅 아이디어'가 되었고, 수많은 사람들에게 일자리를 만들어주었다. 그 아이디어를 낸 사람에게 엄청난 부를 가져다준 것은 말할 필요조차 없다. 이러한 일이 가능했던 것은 독창적인 공상가와 그 뒤를 받쳐주는 수많은 행동가가 있었기 때문이다.

비즈니스 모델의 핵심은 공상, 분석, 설득, 관리의 네 단계로 구성되어 있다. 이런 이유로 회사에서 찾는 인재는 대체로 여기에 부합하는 네 가지 부류의 사람들이다. 즉 아이디어를 얻기 위해서는 공상가가 필요하고 그것을 현실화하기 위해서는 분석가가 필요하다. 또 아이디어가 사람들에게 제대로 평가받으려면 설득가가, 모든 일이 제대로 진행되게 하기 위해서는 관리자가 있어야 한다. 성공한 사업가들은 대부분 이 네 가지 특성의 전부 또는 일부를 구체화한 사람들이다. 그렇지 못한 경우에는 이 방정식을 풀어줄 파트너를 찾아야만 한다.

성격이나 개성은 직업 선택과 업무 수행 능력 모두에 영향을 미친다. 그리하여 선택의 기회가 주어지면, 사람들은 대개 자신의 개성에 맞는 일을 고르게 된다. 예컨대 외향적이고 사교적인 타입(설득가)은 영업 분야에서 성공할 가능성이 높고, 과정을 중시하는 신중한 타입(분석가)은 엔지니어 같은 일이 적성에 맞는다. 또 천성이 적극적이고 행동에 거침이 없는 사람(관리자)은 사람들을 관리하는 일에, 다소 소극적이지만 사물을 다양한 관점에서 바라보는 능력이 있는 사람(공상가)은 창의적인 일에 적합하다.

관리자와 분석가는 논리적인 절차나 지침에 따라 일할 때 마음이 더 편하지만, 공상가와 설득가는 감정이 자연스럽게 생겨나는 자유로운 환경에서 제대로 실력을 발휘한다. 분석가와 공상가는 말이 별로 없고 내성적인 편이지만, 관리자와 설득가는 대개 주장이 강하고 외향적인 편이다.

| 네 가지 성격 유형 |

그렇다면 누가 어떤 사람인지 어떻게 알 수 있을까? 공상가는 대개 이상주의자로 갑자기 아이디어가 떠오르면 거기에 집중한다. 이런 사람은 중간에 쉽게 포기하지 않으며, 끊임없이 시도하고 또 시도해본다. 따라서 이런 사람과 함께 일을 하려면 자유롭게 공상할 수 있는 기회와 환경을 마련해주고 그의 사적 공간을 존중해주어야

한다.

분석가가 지닌 큰 강점은 세밀하고 비판적인 사고다. 이들은 일이 제대로 될 때까지 강한 투지로 무장하고 꼼꼼하게 문제를 해결한다. 이런 유형의 사람과 함께 일하려면 세세한 부분까지 신경을 써줘야 하며, 사실에 근거하여 체계적으로 행동해야 한다.

설득가의 힘은 사교적이고 낙관적인 성격을 바탕으로 기분 좋게 유능한 커뮤니케이터communicator의 역할을 할 때 발휘된다. 설득가가 간절히 바라는 것은 공감이다. 이런 사람과 함께 일을 하기 위해서는 항상 그에게 관심이 집중되도록 배려하며, 열렬히 호응하면서 그의 자발성을 칭찬해주어야 한다. 그러나 다소 산만한 면도 있어 간혹 일을 추진하는 도중 길을 잃고 헤매는 경우도 있으니 주의해야 한다.

관리자는 경쟁을 두려워하지 않고 결과 지향적이며, 직선적이고 항상 자신감에 차 있다. 이들에게 가장 중요한 것은 일이 제대로 진행되도록 만드는 것이다. 관리자와 함께 일을 하려면 여러 가지 선택지와 대안을 제시해야 한다. 말하자면 당신이 원하는 안案을 선택지 가운데 숨겨두고 거기에 초점을 맞추어 유도하는 것이 효과적이다. 또 당신이 그 사람의 노력을 잘 알고 있으며 감사하고 있다는 사실을 적절히 표현하고, 무엇보다 그의 시간을 낭비하지 않도록 하는 것이 중요하다.

21

자신의 약점을 보완해줄
사람을 찾는 일

　　모든 것이 그렇듯이 이 네 가지 성격의 이면에는 각기 부정적인 측면도 있다. 가령 꿈이 없는 공상가는 그저 괴짜일 뿐이고, 변변한 프로젝트가 없는 분석가는 쉽게 불평가로 전락할 수 있다. 다른 사람을 납득시키지 못하는 설득가는 말만 많은 지겨운 사람일 뿐이며, 자제하지 못하는 관리자는 폭군이나 다름없다.

　　그러므로 당신이 기대하는 것을 얻기 위해서는 각 성격 유형의 강점뿐 아니라 약점도 잘 알아야 한다. 실제로 자신의 약점과 부족한 점을 보완해줄 파트너를 얻게 된다면 엄청난 시너지 효과를 얻을 수 있다. 분석가이자 관리자인 레이철과 공상가이자 설득가인 샘이 함께 짝을 이루어 멋지게 그들의 꿈을 실현한 사례를 통해 살펴보자.

　　몇 년 전 샘과 레이철은 마을에 있는 바닷가 길을 따라 걷고 있었다. 그때 샘이 가게 유리창에 붙어 있는 임대 광고를 보고 말했다. "여기에 들어오면 가장 좋을 만한 업종이 뭔지 알아? 아주 근사한 해산물 전문 식당이야." "맞아. 정말 그러네." 레이철은 대답과 동시에 마음이 바빠졌다. 그 부근에 있는 다른 식당들은 어떤지, 비수기에도 장사가 잘 될지, 식재료를 공급하는 사람들은 믿을 만한지 등을 곰곰이 따져보았다. 장애가 될 만한 것들에 대한 점검을 마친 뒤, 그녀는 사업 계획안을 준비했다. 그리고 둘이 함께 은행에 찾아가 지점장을 설득해서 4만 5천 달러를 대출받았다.

샘이 거의 모든 얘기를 도맡아 했고, 얘기를 들은 지점장은 마침내 확신이 섰다. 그런데 그는 한 가지 조건을 내걸었다. 지점장은 레이철을 똑바로 쳐다보며 말했다. "당신이 관리를 책임진다면 대출을 해주겠소." 처음 아이디어를 낸 것도 샘이고, 지점장을 훌륭하게 설득한 것도 샘이었다. 그런데 지점장은 레이철이 식당의 성공 가능성과 예상되는 문제점들을 분석할 때마다 더 귀를 기울여 경청했다. 오래 고민할 필요도 없이 그는 관리자로 누가 더 적합한지 판단한 것이다.

레이철은 체계적이고, 꼼꼼하고, 현실적인 사람이었다. 지점장은 레이철이 샘의 기분을 조금도 상하게 하지 않으면서도 그의 성급한 성격을 확실하게 제어하는 모습이 마음에 들었다. 샘과 레이철이 서로의 역할을 제대로 이해하고 수행하는 한 그 사업은 전망이 밝아보였다. 그러나 이와 반대로 레이철이 창의적인 역할을 담당하고 샘이 분석하는 일을 맡게 되면 미래를 장담할 수 없었으므로, 지점장은 대출을 승인하기에 앞서 조건을 제시한 것이다.

회사의 동료, 부하 직원, 상사의 성격을 이해하는 것이 중요한 만큼 자신을 제대로 아는 것 또한 중요하다. 각자의 개성에 따라 아이디어의 틀을 짜고 사람들에게 제시하는 방식이 달라지기 때문이다. 따라서 먼저 자신이 어떤 사람인지, 다른 사람과 어떤 방식으로 관계를 맺는 유형인지를 알아야 할 필요가 있다.

> **함께 일하는 사람의 성격을 파악하는 것이 중요한 만큼이나 자신을 제대로 아는 것도 중요하다.**

여기서 공상가 집단의 수장이었던 한 관리자의 예를 들어보자. 그는 어떤 식으로 공상가들을 도와 일을 진행했을까? 스티브 에릭슨은 포장 디자인 회사의 사장이다. 그런데 이 회사에서 창의적인 부서의 직원들은 얼마 전부터 어떤 벽에 부딪힌 듯한 느낌이었다. 그 부서의 지난달 성과가 평균을 밑돌았기 때문이다. 스티브는 스티브대로 직원들에게 강하게 압력을 넣었지만 결과는 달라지지 않았고, 도대체 왜 나아지지 않는지 이해할 수가 없어 답답하고 괴로웠다.

"요즘 들어 직원들이 굉장히 스트레스를 받고 있습니다." 그가 말했다. "제가 직원들에게 엄격한 편이어서 '실적이 평균 이하다. 성과가 좋아야 그만큼 월급을 줄 수 있다'고 누누이 강조하는데요. 별 효과가 없어요. 몇 년 전에는 직원들을 회의실에 모아놓고 이런 말까지 한 적이 있었어요. '이것이 다음 분기에 여러분이 달성해야 할 목표입니다. 어떻게든 목표를 달성하는 게 좋을 겁니다. 실패하면 아무것도 없을 줄 아세요.'" 실은 스티브도 이런 식으로 엄포를 놔봐야 아무 소용이 없다는 것을 이미 알고 있었다.

나는 스티브를 내가 진행하는 한 세미나를 통해 알게 되었다. 마침 공상가에 대해 얘기하는 중이었는데, 스티브가 손을 들더니 아주 예리한 질문을 던졌다. 세미나를 마치고 우리는 따로 만나, 직원들에게 어떻게 동기를 부여할 것인지에 대해 좀 더 구체적인 얘기를 나누었다.

"직원들은 유능한 공상가들이고, 사장님은 관리자입니다." 그때 나는 직원들을 어떻게 다루라고 일일이 언급하지는 않았다. 그 대신 공상가들의 상상력을 이끌어내는 방법에 대해 말해주었다. 즉 사물을 보고 듣고 느끼고 냄새 맡고 맛볼 수 있는 환경을 만들어주는 것이 그 부서의 생산성을 높이는 데 매우 중요하며, 일을 진행하는 동안 새로운 경험과 자극을 끊임없이 제공해야 한다고 말이다.

그는 지금과 같은 강압적인 자극은 전혀 소용없다는 사실을 인정했다. 성격상 직원들을 강하게 밀어붙였지만, 그것이 오히려 역효과만 낳았다는 사실을 깨닫기 시작한 것이다. 마침내 스티브는 자신의 'KFC'를 작동하기로 마음먹었다. 자신이 원하는 바를 긍정적인 표현으로 떠올리고, 그것을 이루기 위한 방법을 찾기로 한 것이다.

나중에 스티브에게 들었는데, 그는 온 회사가 발칵 뒤집힐 만한 일을 벌였다고 한다. 팀의 창의성에 다시 활력을 불어넣기 위해 팀원들을 데리고 멀리 휴가를 떠나기로 한 것이다. 임원들은 변변한 성과도 없는데 왜 포상을 주는지 의아하게 생각했다. 특히 재무 담당 부사장은 이렇게 말했다고 한다. "아무 실적도 내지 못하고 있는 팀을 별 다섯 개짜리 특급 호텔에 데리고 간다고요? 지금 제정신이 세요?" 하지만 스티브는 정말 그렇게 했고, 결국 회사가 바라던 결과를 얻어낼 수 있었다.

스티브의 단기 해결책은 경치 좋은 산에 자리한 호화 호텔에 팀원들을 데려가 주말 워크숍을 하는 것이었다. 모두가 사무실에서 벗어나 제대로 된 자극을 만나게 되자, 당장 해결해야 하는 프로젝트와 관련된 일을 평소보다 훨씬 많이 해낼 수 있었다. 팀원들은 여기서 충전한 에너지를 그대로 간직한 채 사무실로 돌아왔다. 스티브의 중기 해결책은 분위기를 바꾸기 위해 사무실을 다시 꾸미는 것이었다. 그는 새빨간 회전문을 달고, 거기에 어울리는 붉은 카펫을 깔았다. 그리고 창밖에는 4m가 넘는 나무를 심었다. 만약 그들이 분석가 집단이었다면 이런 조치는 옳지 않았을 것이다. 그러나 공상가 성향인 스티브의 직원들에게는 기적 같은 효과를 가져다주었다.

22 개성이 충돌할 때

사무실을 한번 둘러보자. 특별히 가까이하기 어려운 사람이 있는가? 그 사람의 성격은 어떤 타입인가? 또 당신의 성격은 어떤 타입인가? 이것을 안다면 문제를 어렵지 않게 해결할 수 있다. 그러나 두 사람이 왜 잘 안 맞는지, 상대가 어떤 사람인지 이해하지 못한다면 커뮤니케이션은 어려워지고 단절 상태가 오래 지속될 것이다.

존 스티븐슨은 애크미 사Acme Corp.의 지역 영업부장이다. 그는 자기가 관할하는 서부 지역의 새로운 책임자인 샌디와 첫 미팅을 갖기로 했다. 마침 두 사람 다 비슷한 시간에 오헤어 공항을 경유할 예정이었으므로 다음 비행기를 기다리는 동안에 만나기로 약속을 했다. 존은 정보도 교환하고, 그가 개발에 관여한 새로운 주문 양식도 함께 검토할 작정이었다.

존은 그 항공사의 VIP 회원이었고 샌디보다 40분 먼저 도착할 예정이었기 때문에, 공항 내에 있는 클럽 라운지에서 만나기로 약속을 했다. 그는 감각 있는 사람답게 옷을 잘 차려입고 있었다.

"존 스티븐슨 씨죠?" 〈포춘〉지를 읽고 있던 그는 고개를 들어 노란색 정장을 입고 활기차게 웃으며 자기 앞에 서 있는 여자를 쳐다보았다. 그녀는 악수를 하기 위해 숄더백 두 개와 서류 가방 하나를 요리조리 바꿔 들었다.

"샌디군요?"

"네." 그녀는 힘차게 고개를 끄덕였다.

"여기 앉으세요. 항공사 클럽 회원이 아니라고 하셨죠? 잠시만 기다려보세요. 제가 가서……."

"네, 회원은 아니에요. 하지만 약속이 있다고 설명했더니, 어떻게 알았는지 부장님이 계신 곳을 알려줬어요. 그래서 일단 가서 확인해보고 아니면 다시 돌아와서 기다리겠다고 했어요. 그 사람들 굉장히 바쁘더라고요. 어쨌든 이렇게 잘 찾아왔네요." 그녀는 가방을 내려놓고는 자리에 앉았다.

"그러셨군요. 뭐 마실 것 좀 드시겠어요?" 샌디가 좋다고 하자, 존은 스낵바에 가서 음료수를 가지고 왔다.

"시간이 별로 많지 않네요." 시계를 보며 그가 말했다.

그러자 샌디는 "정확히 22분 남았네요. 괜찮다면 제가 뭘 좀 보여드리고 싶은데요"라고 대답했다. 사실 그녀는 그렇게 당장 이야기를 시작할 준비가 되어 있지 않았다. 존은 그녀가 도착하기 전에 미리 테이블 위에 준비해놓은 화일에서 서류 두 장을 꺼내 그녀에게 내밀었다. 샌디는 자기 이야기를 하고 싶은 마음이 굴뚝같았지만, 할 수 없이 서류를 보며 고개를 끄덕였다. 그녀는 평소 성격이 좋은 편이지만, 상황이 이렇게 되자 슬슬 짜증이 나기 시작했다.

"조금만 천천히요. 제가 어느 부분을 봐야 하는 거죠? 어딜 찾아봐야 하는 건가요?"

"그건 전부 이메일로 보내드렸습니다." 존의 목소리와 얼굴에도 화가 난 기색이 역력했다.

> 어딘지 모르게 궁합이 잘 맞지 않는 동료가 있는가? 그 사람은 어떤 성격인가? 당신은 어떤 성격인가? 이것을 알게 된다면 문제는 의외로 쉽게 풀릴 수도 있다.

지금까지 걸린 시간은? 5분도 안 된다. 하지만 두 사람의 관계는 이미 가망이 없어 보인다. 만약 성격 유형 표에 이 두 사람을 표시한다면 어디에 두어야 할까? 두 사람의 강점은 무엇이고, 그 이면에 있는 약점은 무엇일까? 샌디를 움직이는 것은 무엇이고, 존을 움직이는 것은 무엇일까?

이런 경우는 소중한 기회를 놓쳐버린 전형적인 예라 할 수 있다. 존은 꼼꼼하고 집중하는 분석가 타입인데 비해 샌디는 스스로 결정하고 주로 혼자 얘기하는 설득가 타입이다. 만약 존이 센스 있게 자기를 찾아낸 샌디를 칭찬해주고 자유분방한 그녀의 분위기에 동조해주었다면, 그들은 화기애애한 분위기에서 대화를 나눌 수 있었을 것이다. 샌디 역시 이런 자리를 마련해준 존에게 고맙다는 인사를 하고, 그의 철저한 준비성에 맞추어 행동해야 했다. 하지만 보다시피 서로 협력하고 팀을 이룰 기회는 날아가 버렸다. 두 사람에게는 이 만남이 당황스러웠던 순간으로 기억에 남아, 앞으로도 돈독한 관계로 발전하기가 어려워졌다.

누구의 얘기일까?

카멜레온 같은 사업가가 되려면 고객이나 동료들의 개성에 적응하고 때로 거기에 자신을 맞출 줄 알아야 한다. 그러기 위해서는 관찰하고 질문하고 경청함으로써, 그들의 성격이 어떤 타입인지 알아내야 한다. 공상가인가? 분석가인가? 설득가인가? 아니면 관리자인가?

아래를 보면 같은 질문에 대한 각기 다른 네 가지 대답이 있다. 누가 공상가인지, 분석가인지, 설득가인지, 관리자인지 구분해보라. 그리고 각각의 답변에 어떤 식으로 말을 이어갈 것인지를 생각하며 대화를 이어가보자.

질문 디자인 팀의 치솟는 운영비를 어떻게 절감할 수 있을까?
대답1 초과 비용이 엄청나게 늘어나고 있다는 사실을 알리는 별도의 홍보 캠페인을 벌이면 어떨까요?
대답2 회계 직원을 파견해서 90일 안에 주목할 만한 결과를 보여주도록 합시다.
대답3 다른 팀들도 똑같은 문제가 있는지 알아봅시다. 구체적인 수치를 보면 디자인 팀도 다른 팀에서 뭔가 배우는 게 있겠지요.
대답4 컴퓨터와 무선 인터넷 기기를 모조리 동원해서 모니터에 조기 경보가 뜨는 시스템을 설치하는 것은 어떨까요?

짐작이 가는가? 위에서부터 순서대로 설득가, 관리자, 분석가, 공상가의 대답이다.

23

우리를 일으켜 세우는 것,
끌어내리는 것

커뮤니케이션 기술을 향상시키고 싶다면, 당신이 지닌 강점의 이면을 들여다볼 줄 알아야 한다. 내 말은 완전히 반대되는 개념인 약점을 보라는 얘기가 아니다. 당신의 강점 뒤에 숨어 있는 측면, 그리하여 간과하기 쉬운 측면을 살피라는 것이다. 다른 사람과 신뢰 관계를 형성하며 대화를 하는 것이 쉽지 않은 까닭은 약점 그 자체 때문이 아니라, 당신의 강점 뒤에 숨겨진 이면이 작용하기 때문인 경우가 많다. 다음의 예들 가운데 당신에게 해당하는 것은 어떤 경우인가?

공상가 상황을 여러 각도에서 살피는 능력 때문에 때때로 우유부단해지지 않는가? 지나치게 자신만의 공간을 고집하거나, 외모에 지나치게 무관심한 나머지 상대방에게 좋지 않은 첫인상을 심어주지는 않는가? 속으로는 '아니오'라고 생각하지만 상대방을 배려하여 '예'라고 말할 때가 있지 않은가?

분석가 세세한 부분까지 집착하는 완벽주의 때문에 당신에게 찾아온 큰 기회를 놓쳐버리는 경우는 없는가? 지나치게 비판적이지 않은가? 냉정하거나 거리감이 느껴져서 사람들이 선뜻 다가서지 못하는 것은 아닌가?

설득가 분위기를 띄우려다 보니 과장해서 말하는 경우가 있지 않은가? 말을 너무 많이 하다가 상대방의 유익한 피드백을 놓쳐버린 적은 없는가? 사람들과 대립하는 것을 가급적 피하고 싶어 하지는 않는가? 한군데 집중하는 것이 어렵지는 않은가?

관리자 자기 확신이 너무 강해서 고집을 부리거나 남의 말을 잘 안 듣는 편은 아닌가? 성격이 너무 급해서 시비가 붙는 경우가 잦지 않은가? 다른 사람과 관계를 맺는 능력이 떨어지는 느낌인가?

> 사람들이 지니고 있는 강점의 이면에는 부족한 면이 숨어 있다.

우리를 일으켜 세운 것이 때로는 우리를 끌어내리기도 한다. 어느 누구도 완벽할 수는 없다. 자신의 부족한 면을 점점 더 많이 알아가는 것은 오히려 발전을 위한 첫걸음이 될 것이다. 강점을 키워 나가되, 그 이면에 있는 부족한 점을 인식하고 그것이 당신의 주변에 미치는 영향에 대해서도 돌아보는 시간을 가져보자. 당신이 어떤 개성을 가지고 있든, 그것은 상대방에게 정보를 전달해준다. 자신이 어떤 정보를 내보내고 있는지 항상 유의하길 바란다. 이때 다음과 같은 질문이 도움이 될 것이다.

관리자 사람들에게 공격적이거나 위협적으로 비치지 않는가?
분석가 차갑고 거만해 보이지 않는가?
설득가 몸짓이 너무 많아서 사람들이 혼란스러워하지 않는가?
공상가 상대방에게 집중하지 않는 것처럼 비춰지는 것은 아닌가?

24

사람들은 **비언어적 메시지**에 먼저 **반응**한다

사람들 중에는 백만장자처럼 보이게 차려입는 것을 좋아하는 이가 있는가 하면, 그저 옷에 대해 말하기를 좋아하는 사람이 있다. 그런가 하면 그냥 편안함이 느껴지는 옷을 즐겨 입는 사람도 있다. 그렇다. 나는 지금 시각, 청각, 신체 감각에 대해 이야기하고 있는 것이다.

만약 당신이 시각적으로 깔끔한 옷차림이 중요하다고 여기는 사람이라면, 아마도 그런 차림의 사람들과 만나고 일하는 것이 편할 것이다. 마찬가지로 헐렁하고 질감이 좋은 옷이나 수수하고 편안한 스타일의 옷을 좋아하는 사람들은 자신과 비슷하게 입는 사람들에게 끌릴 것이다. 그리고 어쩌면 옷 입는 스타일뿐 아니라 다른 공통점이 있다는 사실도 발견하게 될지 모른다. 옷에 관해 이야기하기 좋아하는 사람은 같은 부류끼리 어울려 있을 때 훨씬 더 고무된다.

당신의 옷은 감각적으로 편향된 일종의 유니폼과 같아서, 같은 취향과 감각을 갖고 있는 사람들을 끌어당기는 힘이 있다. 여기서 한 가지 주의할 점은 자신과 비슷한 유형의 사람들과 잘 지낸다고 해서 사람을 사귀는 능력이 뛰어나다고 믿어서는 안 된다는 것이다. 독수리 떼에 독수리가, 펭귄 떼에 펭귄이, 칠면조 떼에 칠면조가 모이는 것은 너무나 당연한 일이다. 이렇게 쉽게 무의식적으로 얻은 절반의 성공에 만족해서는 안 될 일이다.

정말로 성공하고 싶다면 당신과 비슷하지 않은 사람들, 그리고 감각적 취향도 다른 사람들과 원만하게 관계 맺는 방법을 배워야 한다. 대체로 친구끼리는 서로 같은 것을 좋아하는 경향이 있다. 자신과 비슷하고 공통점이 많은 이를 친구로 택하는 경우가 많기 때문이다. 그런데 바로 그게 문제다. 우리는 친구를 선택할 수 있다. 하지만 일을 할 때는 상황이 다르다. 비즈니스 상대는 언제나 선택할 수 있는 것이 아니기 때문에 나와 다른 사람들에게 나를 맞추고 적응해 가야 한다. 유유상종이라는 말이 있기는 하지만, 그건 친구들 사이에서나 통하는 말이다.

겉모습을 보고 상대방이 선호하는 감각이 무엇인지 알아차릴 수 있다면, 그 사람에게 어떤 식으로 접근해야 할지 대강 감을 잡을 수 있다. 상대방의 옷차림을 유심히 살펴보고 그들이 어떤 감각을 선호하는지 파악하자. 이를 바탕으로 상대가 공감할 수 있는 언어로 말하고, 상대방의 입장

> 옷 입은 스타일을 보면 그 사람에 대해 많은 것을 알 수 있다. 그 신호를 잘 감지해서 관계를 맺는 데 활용하라.

에서 생각해보라.

잠재력과 권위가 느껴지는 모습으로 자신을 포장하면 간혹 기대하지 않았던 새로운 거래가 성사되기도 한다. 최고의 자리에 선 사람처럼 옷을 입으면 최고가 된 기분으로 최고처럼 행동할 수 있다. 스타일은 유익한 태도로 시작해서 유익한 외모로 완성된다. 진실하고 신뢰할 만한 사람이라는 인상을 주려면 보디랭귀지와 말이 일치해야 하듯이, 신체적 특성이나 개성과 옷차림도 서로 일치하거나 조화를 이루도록 신경 쓰는 것이 좋다.

모름지기 커뮤니케이션이 제대로 이루어졌는지를 확인하는 방법은 그에 대한 반응을 살피는 것이다. 이와 같은 커뮤니케이션의 기본 원리는 비즈니스 스타일에도 그대로 적용된다. 사람들이 어떻게 반응하는지에 항상 관심을 기울이자. 당신이 원하는 반응이 나오지 않는다면, 그렇게 될 때까지 행동이나 외모를 바꾸어나갈 필요가 있다.

그러나 결국 스타일은 안에서부터 나오는 것이다. 다른 사람들은 볼 수 없는 내면의 인격으로부터 나온다. 당신의 스타일은 당신이 어떻게 생각하고 행동하고 반응하며, 어떻게 옷을 입고, 무슨 일을 하는지에 따라 만들어진 인격이다. 되도록 잠재력이 드러나 보이도록 개성을 포장하자. 유용한 기술과 능력을 지니고 있는 당신의 내면과 당신이 기여하며 살아가는 외부 세상 사이에 연결 고리를 만들자는 것이다. 친근하면서도 권위 있고 신뢰감을 주는 모습의 연결 고리를 만들 수 있다면, 당신은 곧 비즈니스 세계에서 경쟁력을 갖게 될 것이다.

자신만의 스타일을 찾아라

사람들은 당신이 보내는 비언어적인 메시지에 맨 처음으로 반응하게 된다. 스타일도 그 메시지의 일부이다. 좋은 첫인상을 남기려면 독립성과 자신감을 드러내는 자신만의 스타일을 개발해야 한다.

- 프로페셔널한 스타일이란 친근함과 권위 있는 분위기 사이에서 균형을 잘 맞춘 스타일이다.
- 먼저 자기가 연출하려는 이미지를 결정하라. 스스로에게 질문을 던져 보자. 나는 어떤 개성을 지닌 사람인가? 내가 지닌 강점과 개성을 전달 하려면 어떤 옷을 입어야 할까? 지금의 옷은 그런 역할을 하고 있는가?
- 현재 하고 있는 일이 아니라 앞으로 하려는 일에 맞추어 옷을 입는다.
- 옷을 변변치 않게 입으면 옷이 눈에 들어오지만, 제대로 차려입으면 옷이 아니라 사람이 보인다는 사실을 기억하라.
- 지금과 다른 이미지를 보여주고 싶다면, 당신에게 어울리는 모습을 찾을 때까지 계속해서 실험하고 바꾸어보라.
- 도움이 필요하다면 컨설턴트나 쇼핑 전문가의 조언을 구한다.
- 늘 자신의 기분이 어떤지, 다른 사람들의 반응은 어떤지 주의 깊게 살펴보자.

25

지금의 **이미지를 바꿔야** 할까?

내 친구 스콧은 얼마 전 직업을 바꾸어 부동산 중개업자가 되었다. 며칠 전에 그는 내게 전화를 걸어와 이렇게 털어놓았다. "자격증을 따는 데까지는 별문제가 없었어. 그런데 사람들에게서 전혀 의뢰가 들어오지 않아. 어떻게 해야 사람들에게 신뢰를 얻을 수 있을까?" 스콧은 자격증을 따기 위해 거의 일 년이라는 시간과 상당한 돈을 투자했다. 나는 그에게 약간의 돈을 더 투자할 생각을 하고 2주일 정도 시간을 내서 이미지를 가다듬는 것이 좋겠다고 조언했다.

우선 그와 나는 친근하고 권위 있는 분위기에 대해 의견을 나눴다. 집을 사고파는 일을 낯선 사람에게 맡겨야 한다면 어떤 사람에게 맡겨야 마음이 놓일까? 자신의 일에 대해 철저히 알고 있는 것처럼 보이고, 들리고, 느껴지고, 냄새가 나고, 맛이 나야 한다. 권위가 있어 보이면서도 어느 정도 친근감이 느껴져야 한다. 그래야 고객이 어려워하지 않고 이야기를 나눌 수 있다.

스콧은 사람들이 자기를 신뢰하고 존경하기를 바랐지만, 그런 느낌을 주는 모습이 정확히 어떤 것인지 알지 못했다. 그래서 우리는 그에게 어울릴 만한 여러 유형의 모습들에 대해 이야기를 나누었고, 그러면서 많은 아이디어를 떠올렸다. 용기를 얻은 스콧은 일주일 동안 매일 다른 스타일의 옷을 입어보겠다는 결심을 했다. 물론 모두 그에게 어울리는 스타일로 말이다. 가령 월요일에는 활동적인 느낌으로, 화요일에는 월스트리트의 투자가처럼, 수요일에는 대학생같이, 목요일에는 편안하고 여유 있는 느낌으로, 금요일에는 자유로운 시인처럼 옷을 입어보기로 했다. 이 옷들을 어디에서 구할지는 그가 알아서 할 일이었지만, 어쨌든 그 옷들은 최대한 고급스러워야 했다.

스콧은 패션 잡지를 열심히 사서 읽고 의류 매장 판매원들에게 조언을 구하기도 하면서 머리와 구두, 액세서리까지 신경을 썼다. 그 밖에 각 스타일에 따라 자신의 모습, 목소리, 느낌, 냄새 등을 어떤 식으로 연출할지 혼자 그려보는 시간도 갖기로 했다.(상상한 장면을 구체적으로 포착해내는 것은 자신을 알아가는 과정에서 중요한 부분이다.)

나는 스콧에게 유익한 태도(따스하고, 열성적이고, 자신감 있는)와 무익한 태도(무례하고, 건방지고, 참을성이 없는)를 설명해주고, 각각의 스타일에 어울리는 유익한 태도 한두 가지씩을 찾아 연결해보라고 조언했다. 그렇게 하면 각 스타일의 의미와 특징을 아는 데 많은 도움이 되기 때문이다. 이와 함께 스콧은 '스타일 주간'의 효과를 극대화하기 위해 그 어느 때보다도 열심히, 더 활기차게 일하기로 마

> **옷 입는 스타일이 바뀌면 생각하고 일하는 스타일도 바뀐다.**

음먹었다. 스콧은 원래 다른 사람보다 일도 열심히 하고 의지도 굳은 사람이었는데, 이번 한 주를 위해서 한층 더 열심히 하겠다고 결심한 것이다.

나는 일주일 동안 매일매일 사람들이 어떻게 반응하는지, 자신은 어떤 느낌인지 주의 깊게 살피라고 조언했다. 사람들이 그를 신뢰하고 진지하게 받아들이는 그 순간이 언제인지를 스콧이 몸소 느끼게 되기를 바랐기 때문이다. 그의 성공 여부는 의뢰인 명단이 늘어났는가 여부에 달려 있었다. 우리는 스콧이 구체적인 피드백을 받을 때까지 조용히 기다리기로 했다.

2~3주 정도가 지난 어느 날, 갑자기 스콧에게서 전화가 왔다. 그의 목소리는 들떠 있었다. 나는 재빨리 그의 말을 받아 적었다. 코듀로이 바지에 스웨터를 입고 트위드재킷을 걸친 편안하고 여유 있는 스타일이 자신에게 꼭 맞더라는 것이다.(사실 스콧이 신체 감각적인 사람이라는 점을 감안하면 별로 놀라운 사실도 아니다.) 비즈니스 정장을 입으면 어딘지 갑갑하고 불편했고, 대학생같이 캐주얼하게 입으면 일하는 맛이 나지 않았다고 했다. "편안하고 여유 있는 스타일로 입은 날, 나에게 딱 맞는 스타일을 찾게 된 거지."(역시 신체 감각적인 언어이다.)

그는 옷 입는 스타일이 바뀌니까 생각하고 일하는 스타일도 바뀐다는 사실을 깨닫게 되었다. 새로운 의뢰를 맡을 때뿐 아니라, 사무실에서 동료들을 대할 때나 다른 중개업자와 협상을 할 때도 예전의 그가 아니었다. 그는 그전에는 경험 많은 중개업자들 틈에서 희생양이 되곤 하여 황당하고 마음이 불편한 적이 있었다고 했다. 하지만 새로운 스타일로 갖춰 입은 그에게서는 전에 없던 친근하고 서글서글한 권위자의 분위기가 풍겼다. 이렇게 해서 그는 자신의 미숙하고 부족한 부분을 극복할 수 있었다. "이제는 더 이상 속이 뻔히 다 들여다보이는 초짜가 아니야."

이런 성공적인 변신 덕분에 그는 거래를 여섯 건이나 성사시켰고 사무실도 새로 옮겼다. "이전과는 일하는 수준이 달라졌어. 사람들도 그만큼 나를 대우해주고."

자신에게 맞는 이미지를 찾기 위해 꼭 스콧처럼 일을 크게 벌일 필요는 없다. 지금 당장 시작할 수 있다. 먼저 친근함과 권위 있는 분위기 사이의 어느 지점에 자신의 모습을 둘 것인지 결정하라. 그러고 나서 정장 스타일과 캐주얼한 스타일 중에 어느 쪽이 더 편할지 생각해보는 것이다. 이때 직업과 직종에 따른 관습적인 규범이나 요구 사항도 염두에 두어야 한다.

성공한 나의 모습 그려보기

자신이 연출하려는 스타일을 효과적으로 나타내주는 단어 두세 개를 떠올려보자. 이를테면 혁신적인, 현대적인, 믿음직한, 보수적인, 모험적인, 대담한, 진보적인, 전통적인, 전문적인, 다정한 같은 말이 있을 것이다. 시간을 따로 내 도서관이나 서점에 가서 미국이나 영국, 프랑스, 이탈리아의 패션 잡지를 찾아보는 것도 좋은 방법이다. 형태, 색상, 질감은 어떤지 눈여겨보자.

앞으로 5년 후, 성공한 자신의 모습을 상상해보자. 미래의 모습을 그리면서 성공한 어느 날의 특별한 순간을 떠올리는 것이다. 지방에 레스토랑을 하나 더 개점하기 위해 비행기를 타고 가는 중일 수도 있고, 아이들과 둘러앉아 즐겁게 아침 식사를 하면서 금요일에 떠날 여행에 대한 이야기를 나누고 있을 수도 있다. 단, 이런 상상은 그럴듯한 것이어야 한다. 가령 장래 희망이 유치원 선생님인데 전용 비행기를 타는 상상은 현실과 동떨어진 얘기니까.

다음에는 미래의 집으로 가보자. 침실에 딸린 드레스 룸으로 들어가 보는 것이다. 그리고 옷장을 열어본다. 텅 비어 있다. 주문한 옷이 아직 도착하지 않았기 때문이다. 이번에는 눈을 감고 지금부터 5년 뒤, 성공한 당신의 모습을 떠올려본다.

그런데 내가 성공했다는 것을 어떻게 알 수 있을까? 구체적으로 어떤 모습이고, 어떤 느낌이고, 어떤 소리와 냄새와 맛으로 표현될까? 내 곁에는 누가 있을까? 내 생활은 어떻게 바뀌었을까? 내 모습은 어떻게 보일까? 어떤 모습이면 좋을까? 마음속으로 빈 옷장을 채워보자.

자, 이제 눈을 떠라. 상상해본 미래의 모습을 만들기 위해 첫걸음을 뗄 시간이다.

26 '빅 아이디어'로 설득하라

　　사람에게 동기를 부여하는 가장 강력한 수단은 돈이 아니다. 물론 돈으로 살 수 있는 물건들은 무척 많다. 음식이나 집, 자동차 같은 것들은 모두 돈으로 해결이 된다. 그러나 사람들로 하여금 주어진 일 이상의 것을 하게 만드는 원동력은, 그들이 중요하다고 믿는 일을 할 수 있는 기회를 제공해주는 것이다. 회사에, 회사의 직원들에게, 팀에게 혹은 그 지역 사회에 중요하다고 생각되는 일을 하는 것은 한 개인의 믿음이나 가치를 실제로 살아 숨 쉬게 하는 일이기 때문이다. 이런 일을 하게 되면 가치 있고 유용하고 목적에 부합하는 일을 하고 있다는 느낌이 들 뿐 아니라, 사람들을 설득하는 능력까지 자연스럽게 생긴다.

　　영리한 기업가들은 직원들이 중요하게 생각하는 가치에 다가가는 일, 그리고 그들의 일을 의미 있게 만들어주는 것이 얼마나 중요한지 잘 알고 있다. 그래서 그들이 시행하고 있는 일 중의 하나가 기업의 미션을 만드는 것이다. 개중에는 그저 만드는 것에 그치지 않고 미션이 회사 안팎에서 제대로 작동하여 효과를 발휘하게 하는 경우도 있는데, 나는 그것을 그 회사의 '빅 아이디어Big Idea'라고 부른다.

회사 차원의 미션이라고 할 수 있는 이 빅 아이디어를 잘 만들면 그 조직이 왜 존재하는지, 사람들에게 어떤 영향을 미치는지에 대해 단순하지만 기억에 쏙 남도록 설명할 수 있다. 다시 말해 그 조직에 개성을 부여하는 것이다. 어떤 빅 아이디어가 얼마나 효과적인지 파악하려면 모든 직원들이 그것을 참고할 수 있는지, 그리고 "내가 지금 그것에 맞게 행동하고 있는가?"라는 질문에 즉시 대답할 수 있는지 알아보면 된다.

> **빅 아이디어는 짧으면서 공감이 가야 하고, "내가 지금 제대로 하고 있는가?"라는 질문을 바로 끌어낼 수 있는 것이어야 한다.**

예를 들어 메리어트 호텔의 빅 아이디어는 '집에서 떠나 있어도 친구들과 함께 있는 것처럼!'이다. 이 빅 아이디어는 아주 멋지고, 기억하기도 쉽다. 호텔의 홍보 책임자부터 안내데스크에서 일하는 직원, 객실 관리인, 주방에서 일하는 요리사에 이르기까지 모두 자신에게 이렇게 물어볼 수 있다. "내가 회사의 빅 아이디어에 맞춰 행동하고 있는가?" 만약 그 대답이 '그렇다'라면 이 회사는 제대로 돌아가고 있는 것이고, '아니다'라면 그 회사는 변화가 필요하다.

또한 빅 아이디어를 잘 만들면 직원들에게 권한을 부여하는 효과를 얻을 수 있다. 모든 직원이 빅 아이디어를 수행하는 관계자가 되어, 목표를 달성하기 위해 스스로 점검하고 노력하도록 힘을 부여하는 것이다. 레브론 사의 창업자 찰스 레빌론은 회사의 빅 아이디어를 이렇게 표현했다. "공장에서는 제품을 만들고, 매장에서는 희망을 판다."

이처럼 회사의 목표를 단순하면서도 효과적으로 구현한 빅 아이디어에는 다음과 같은 것들이 있다.

월마트 보통 사람들에게 부자들과 똑같은 상품을 살 수 있는 기회를 제공한다.
메리 케이 코스메틱 여성에게 무한한 기회를!
머크 인간의 생명을 보호하고 삶을 향상시킨다.
코카콜라 온 세상을 상쾌하게!
3M 풀리지 않는 문제를 혁신적으로 해결한다.
월트 디즈니 사람들을 행복하게!

이들 가운데 상품이나 서비스에 대해 직접적으로 말하는 문구는 없다. 회사가 어떤 일을 하는지에 관해서만 언급할 뿐이다. 머크 사의 판매 담당자는 회사의 목표가 인간의 생명을 보호하고 삶을 향상시키는 것임을 알고 있기 때문에 판매에 좀 더 박차를 가할 수 있을 것이다. 이런 회사의 직원들은 언제든 "내가 회사의 빅 아이디어를 제대로 수행하고 있는가?"라는 질문을 스스로에게 던지고, 즉시 그에 대한 대답을 할 수 있다. 이렇게 직원들이 스스로 질문하고 대답하는 문화가 회사가 목표로 하는 궁극적인 결과에 영향을 미칠까? '그렇다'에 당신의 모든 것을 걸어도 좋다.

27

"내가 제대로 하고 있는가?"라는 질문에 **답**하라

회사가 빅 아이디어를 정함으로써 직원들이 목표에 집중하고 그 방향에서 벗어나지 않도록 하는 것처럼, 당신 역시 특히 중요하게 여기는 것에 관해 개인적인 빅 아이디어를 만들어두면 일을 해나가는 데 올바른 방향성과 의미를 지닐 수 있다.

매일 같은 일을 반복하다 보면, 우리는 때로 그 일의 가치를 과소평가하기도 한다. 그저 기계적으로 판에 박힌 일상을 지루하게 반복할 뿐, 그것을 어떤 식으로 큰 그림과 연결할 것인지에 대한 생각은 놓치고 살게 된다. 하지만 지구상에 사는 사람이라면 누구나 이 세상이 돌아가는 데 어떤 식으로든 영향을 미치게 되어 있다. 설사 당신에게는 보잘것없어 보이는 일일지라도, 그 일은 분명 가치를 지니고 있다. 중요한 것은 자신이 하는 일의 가치와 중요성을 인식하게 되면 다른 사람들과 관계를 맺고 그들을 설득하는 일이 훨씬 수월해진다는 것이다.

자신의 일에 대한 빅 아이디어를 설정해두고 그것을 향해 달려온 사람들 중에는 팻 설리번이라는 사람이 있다. 그는 캐나다 온타리오 주의 상무부에서 수출 업무를 담당하고 있었다. 팻은 자신이 하는 일을 간단하게 요약하는 동시에 자신을 자랑스럽게 만들어주는 문구를 찾아냈고, 그로 인해 사람들과도 훨씬 쉽게 연결될 수 있었다. 그는 이렇게 말했다. "내가 어떤 식으로 세상에 기여하는지에 관해 말로 분명히 표현하고 나서야 일이 제대로 돌아가는 느낌이 들었어요. 이제 아침마다 침대에서 일어나야 하는 이유가 생긴 거죠."

팻은 요즘 자신보다 큰 무언가에 속해 있다는 기분이 든다고 했다. 그저 단순한 당근이나 채찍이 아니라, 자신도 큰 그림의 일부를 그려나가는 일원이라는 일종의 소속감이 그를 이끌고 있었다. 자신만의 가치를 만들어낸 것이다.

사실 팻도 빅 아이디어를 찾기 전까지는 팀원들을 볼 면목이 없었다. 상무부에서는 어느 누구도 팻이나 그의 팀을 중요하게 생각하는 것 같지 않았다. 그들이 산업에 어떤 영향을 미치는지 진정으로 이해해주는 사람이 아무도 없는 것 같았다. 그래서 팻은 자신이 다른 사람의 삶에 어떤 도움을 주고 있는지에 관해 감히 말할 수 없었다. 막연하게 자신과 자신의 팀이 산업 발전을 이끄는 유용한 자원이라고 생각했지만, 그들이 하는 일이 변변히 인정을 받지 못했기 때문에 일을 해도 흥이 나지 않았다. 그러다 보니 도움을 주어야 하는 기업가나 소규모 업체의 소유주들에게 오히려 질질 끌려다니는 모양세가 되곤 했다.

최근에 팻은 나를 찾아와 자신의 문제에 관해 조언을 구한 적이 있다. 그는 고객이 찾아오면 보통 복잡한 전문 용어로 장황하게 설명을 하는데, 그러면 고객은 십중팔구 흥미를 잃고 지루한 표정이 된다고 했다. 가령 "대사관과 영사관, 그리고 해외 관광부 내에 있는 지역의 관련 부서를 통해서 시장의 잠재적인 가능성을 파악할 수 있었으며, 어떤 경우에는……" 하는 식으로 설명을 한다는 것이다.

우리는 오전 내내 같이 생각을 나누고 토론했다. 팻은 어려서부터 지금까지 퍼즐 푸는 일을 매우 좋아했다고 한다. 그래서 나는 그런 쪽으로 자신의 일을 바라보게 유도했고, 그렇게 해서 그만의 빅 아이디어가 만들어졌다. 그는 마침내 먹고살기 위해 습관적으로 매일 해오던 일을 아주 짤막하고 간단한 빅 아이디어로 압축해냈다. 바로 "나는 비즈니스라는 퍼즐을 풀어주는 사람이다"라는 것이다.

> **❝** 당신이 특히 중요하게 여기는 것에 관해 빅 아이디어를 만들어두면 일을 해나갈 때 올바른 방향성과 의미를 지닐 수 있을 것이다. **❞**

이제 팻은 방향성을 갖게 되었고, 자신이 속한 팀의 강점을 어떻게 하면 드러내고 부각시킬 수 있는지도 알게 되었다. 자신이 도와주어야 할 회사를 어떤 식으로 사람들에게 알리는 것이 효과적일지도 확실히 감이 왔다. 그리고 그는 이제 "내가 지금 제대로 하고 있는가?"라는 질문에 언제나 자신 있게 "그렇다"라고 대답할 수 있게 되었다.

자기만의 빅 아이디어를 만들어보자

펜과 종이를 들고 남의 방해를 받지 않을 만한 곳으로 가서 우선 몇 가지 질문을 스스로에게 던져보자. 내가 하는 일의 궁극적인 결과는 무엇인가? 왜 이 조직/일/직업/경력이 존재하는 걸까? 어떤 변화를 가져오려는 것인가? 이 일에서 중요한 점은 무엇인가?

그런 다음 당신이 열 살이었을 때 어떤 모습이었는지 5~6개의 단어로 표현해보라. 그리고 스무 살 때의 모습도 설명해보라. 자, 그러면 이제 본게임으로 들어가자.

먼저 "내 일에서 가장 중요하게 생각하는 것은 무엇인가?"라는 질문으로 시작해보자. 언급한 말 가운데 몇 가지 항목을 정리한 다음 그 항목을 가지고 다음 단계로 넘어간다. 당신이 진정으로 소중하게 생각하는 핵심 가치와 당신을 움직이게 만드는 원동력이 무엇인지 찾을 때까지 계속한다.

이번에는 타고난 재능과 재주 10개를 목록으로 만들어본다. 어렸을 때부터 지녀온 것들을 떠올려보자.(게임 프로그램에 출연해서 항목을 하나씩 추가할 때마다 10만 원을 받는다고 상상해보자. 금방 10개를 채울 수 있을 것이다.)

이 목록을 계속 머릿속에 생각하면서 몇 시간, 아니 며칠을 지내보자. 머릿속에 불이 켜지면서 "당연하지. 그건 뻔한 거 아냐?"라는 말이 나올 때까지 계속 해본다. 이런 일은 옆에서 누가 도와주면 금방 하겠지만, 혼자 하려면 조금 시간이 걸릴 수도 있다. 마음을 느긋하게 먹고 천천히 하라. 당신의 뇌는 지금 가구를 완전히 재배치하는 것처럼 정신없이 바쁠 테니까.

28

10초 안에 **전달**해야 할 것

앞에서 만들어본 빅 아이디어가 당신이 무엇을 해야 하는지 자신에게 말하는 것이라면, 10초짜리 광고는 당신이 무슨 일을 하는지를 다른 사람에게 알리는 것이다. 가령 누군가가 팻 설리번에게 당신은 무슨 일을 하느냐고 물을 때, "나는 비즈니스라는 퍼즐을 푸는 사람입니다"라고 대답한다면?

그랬다가는 사람들이 그를 이상한 사람으로 취급할지도 모른다. 그보다는 이렇게 말하는 것이 나을 것이다. "나는 수출업자들이 새로운 시장을 찾고 제시간에 맞춰서 제품을 배에 싣는 일을 도와, 그들이 밤이면 발을 뻗고 편히 잘 수 있도록 해줍니다." 10초짜리 광고를 만드는 이유는 이 말을 들은 사람의 흥미를 유발해서 "조금만 더 이야기해주시겠어요?"라는 말이 나오게 만들려는 것이다. 이렇게

> ❝ 10초짜리 광고를 만들 때는 사람들에게서 "조금만 더 얘기해주세요"라는 말이 나오도록 해야 한다. ❞

대화가 시작되면 협력적인 관계를 맺는 것은 훨씬 쉬워진다.

지난해에 나는 파리에 갈 일이 있었다. 자동차 렌탈 업체로부터 그 회사의 빅 아이디어 만드는 일을 도와달라는 요청을 받았기 때문이다. 그런데 막상 가보니 그 회사에 필요한 것은 빅 아이디어가 아니라 최전방 부대를 지원할 만한 무기, 바로 10초짜리 광고였다. 이 사실을 처음 깨달은 것은 그 회사의 국제 렌탈 부문을 맡아 운영하고 있는 앤드루 해리슨을 처음 만난 순간이었다.

> 10초짜리 광고는 당신이 무슨 일을 하는지, 그 일이 다른 사람에게 어떤 가치가 있는지를 바로 전달할 수 있어야 한다.

이 회사는 이미 2년 전에 컨설팅을 받아 회사의 미션, 즉 빅 아이디어를 만들었다. 사업을 분석하고, 경영진과 사원들을 인터뷰하고, 수많은 조사를 거친 후에 나온 미션이었다. 전 세계 대리점에 붙어 있는 이 회사의 미션은 다음과 같았다. "우리는 소중한 고객님께 최상의 제품과 서비스를 제공하기 위해 최선을 다하고 있습니다. 요금과 서비스, 제품 품질에서 우리는 어느 누구에게도 뒤지지 않으며, 앞으로도 그럴 것입니다."

앤드루는 이 미션에 대해 동의하지만 어딘가 아쉬움을 느끼고 있었다. "이런 문구를 가지고 우리가 누구인지, 왜 특별한지에 대해 어떻게 전달할 수가 있을까요? 금요일 밤 친구를 만나러 간 바에서 우연히 클럽메드의 사장을 만난다면, 그에게 가서 내가 무슨 일을 하고 누구를 위해 그 일을 하며, 그 일이 그들의 삶을 어떻게 향상시키는지에 대해 말해주고 싶습니다. 짧지만 분명하고 확실하게 말이지요. 그런데 지금 이 미션으로는 힘들 것 같아요."

　TV에서는 주로 30초짜리 광고를 많이 한다. 그런데 그런 광고는 너무 길어서 당신이 일어나 냉장고로 가면서 개를 밖으로 내보내고, 벽난로에 장작을 하나 더 넣고, 거울을 보며 머리를 매만질 때까지도 계속된다. 앤드루는 자신이 무슨 일을 하고 있는지, 그 일이 다른 일과 어떻게 다른지, 어떤 사람에게 도움이 되는지, 그리고 그것이 세상에 어떤 영향을 미치는지에 대해 명확하고 의미 있게 설명하고 싶어 했다. 그것도 가능한 한 첫인상이 결정되는 시간 안에 말이다.

10초짜리 광고를 어떻게 만들 것인가

당신이 무슨 일을 하는지, 그 일은 누구를 위한 것인지, 그 일이 그들의 삶을 어떤 식으로 편리하고 재미있게 만드는지 나타낼 수 있는 짧은 문장을 만들어보자. 물론 고객에게 제공하는 이익도 포함시켜야 한다.
당신은 무엇이 중요하다고 생각하는가? 그리고 무엇을 제공할 것인가? 고객은 당신이 어떤 생각으로, 무엇을 제공할 것이라고 기대할까? 만약 당신이 멋진 레스토랑을 운영한다면, 음식과 서비스, 실내 장식에 관해 잘 알면 된다고 생각할 것이다. 하지만 고객들은 당신의 레스토랑에서 로맨스를 기대하고 있을 수도 있다. 바로 그것이다. 상상과 감정!
자신에게 물어보자. 나는 어떤 차이를 만들 수 있는가? 고객에게 중요한

> 것은 무엇인가? 고객이 원하는 것은 무엇인가? 나는 그들을 위해 무엇을 하고 있는가? 10초짜리 광고는 다음 세 부분으로 이루어져야 한다.
>
> 1. 무엇을 하는가?
> 2. 누구를 위해 그 일을 하는가?
> 3. 그 일이 그들의 삶을 어떻게 바꿔놓는가?
>
> 이것을 10초짜리 광고라고 부르는 이유는 이 모든 것을 10초 안에 전달해야 하기 때문이다. 짧게 핵심만을 말하라. 사람들에게서 "좀 더 듣고 싶습니다"라는 말이 나올 때까지 계속 수정하고 다듬어야 한다.

빅 아이디어와 10초짜리 광고의 차이점은 무엇인가. 10초짜리 광고는 "내가 지금 제대로 하고 있는가?"라는 식의 질문을 할 필요가 없다. 그 대신 사람들이 "어떻게요?"나 "조금만 더 얘기해주시죠"라는 말을 하지 않고는 배길 수 없도록 만들어야 한다. 10초짜리 광고를 잘 만들었는지 여부는 이런 질문이 나오는지 그렇지 않은지를 보면 알 수 있다.

좋은 아이디어로 출발한 회사에 목표와 방향성, 개성을 부여하기 위해서는 빅 아이디어가 필요한 것처럼, 10초짜리 광고를 만들면 좀 더 빠르고 효과적으로, 활기차게 사람들에게 다가갈 수 있다. 요컨대 시장에 접목시킬 좋은 아이디어가 있어야 하고, 그 다음으로 빅 아이디어, 마지막으로 10초짜리 광고가 필요하다.

지금까지 우리는 다른 사람과 의미 있는 관계를 맺는 방법에 관해 알아보았다. 또한 아이디어와 목적을 정교하게 가다듬어 설득력 있는 메시지로 만드는 법에 대해서도 살펴봤다. 이제는 이 메시지를 어떻게 해야 잘 전달할 수 있는지에 대해 생각해볼 차례다. 메시지를 효과적으로 전달하면 상대방은 당신이나 당신의 아이디어에 대해 신뢰감을 느끼고 우호적인 태도를 갖게 된다. 하지만 적절한 방식으로 아이디어를 전달하는 데 실패하면 적지 않은 시간과 소중한 기회를 잃게 된다.

국수를 먹는 방법은 여러 가지다. 젓가락을 쓸 수도 있고, 포크나 손가락을 사용할 수도 있다. 마찬가지로 좋은 소식을 전하는 방법도 수없이 많다. 직접 만나 전달하거나 팩스나 이메일을 보낼 수도 있다. 일자리를 찾는 길도 다양하다. 구직 광고를 내거나 인터넷에 글을 올리거나, 인적 네트워크를 통해 기회를 찾을 수도 있다. 접근법은 상상할 수 있는 만큼이나 무궁무진하다. 중요한 것은 그 상황을 어떻게 읽어내고 그에 맞는 올바른 방법을 택하는가 하는 점이다.

올바른 방법을 선택하기 위해서는 상대방의 심리 상태를 알아야 한다. 앞에서 나는 자신의 태도를 조절하면 얼마나 큰 효과를 얻을 수 있는지에 관해 이미 여러 번 언급했다. 그런데 다른 사람과 관계를 맺을 때 성공 여부를 판가름하는 또 하나의 요인은 상대방의 태도를 조절하는 당신의 능력이다. 좀 더 정확하게 말하면 그들의 감정적인 심리 상태를 조절할 수 있는 능력이다.

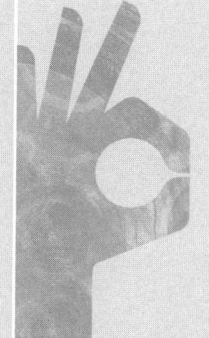

4부

사람을 끌어당기는 심리 대화법

29

대화가 잘 굴러가도록 하는 윤활유

어떤 모임이나 회의, 파티에 가보면 오자마자 동에 번쩍 서에 번쩍하면서 순식간에 사람들과 잘 어울리는 사람이 한두 명은 눈에 띈다. 그것도 아주 편안하고 자연스럽게 말이다. 이런 사람들에게는 모든 비즈니스와 사교적인 모임이 사람들을 만나 네트워크를 형성하고 사업 영역을 확장하는 소중한 기회가 된다.

사람들과 사귀고 어울리는 모습이 자연스러운 사람이 분명 있기는 하다. 하지만 그런 기술은 당신도 충분히 배울 수 있다. 그들의 타고난 사교성을 당신의 것으로 만들 수 있다는 말이다.

자, 그러면 전혀 힘들어 보이지 않는 그들의 자연스러운 사교 기술을 누구나 따라 할 수 있게 몇 단계로 나누어보자. 이 단계들은 모든 상황에 적용할 수 있으며, 당신이 사람들과 좀 더 쉽게 관계를 만들 수 있게 도와줄 것이다. 커피를 마시는 자리든, 새 고객과의 약속이든, 업계 사람들끼리의 모임이든, 일 년에 한두 번 있는 협회 회의든 상관없다.

누군가를 처음 만나든 다섯 번째로 만나든, 사람을 만나게 되면 어떤 상황에서나 인사하는 과정을 거치게 된다. 나는 이 과정을 다섯 부분으로 나누었다.

- 열린 태도
- 시선 맞추기
- 미소 짓기
- 말하기
- 동조

언제나 사람을 맞이할 때는 가급적 일어서서 인사한다. 근무 중이라면 방문객이든 고객이든, 새로운 동료든 친구든, 책상에서 일어나 앞으로 조금 나와서 맞이하도록 한다. 이때 가슴이 상대방을 향하게 하는 것이 좋다. 이것은 장벽을 허물고 마음을 열어 상대방과 대화할 준비가 되어 있다는 표시이기 때문이다. 특별히 일어날 수 없는 상황이라면 어쩔 수 없다. 하지만 예외적인 경우를 제외하고는 일어나서 사람을 맞이하는 것이 원칙이다.

열린 태도 인사의 시작은 몸과 마음과 태도를 여는 일이다. 이를 위해서 당신은 미리 유익한 태도를 취하고 있어야 한다. 지금이야말로 몸과 마음과 머리로 느끼고 깨달아야 하는 순간이다. 앞서 언급한 대로 가슴은 상대방을 향하도록 하라. 이

때 손이나 팔, 혹은 클립보드 같은 사무용품으로 가슴을 가리지 않도록 한다. 나는 항상 손이 상대에게 보이도록 신경을 쓴다. 아무것도 숨길 것이 없다는 것을 보여줌으로써 상대방을 무장해제하는 효과가 있기 때문이다.

시선 맞추기 먼저 눈을 맞추고, 그 사람의 눈동자가 무슨 색인지 기억해둔다.

미소 짓기 먼저 웃는다. 미소 속에 당신의 태도가 보이도록 한다. 활짝 웃는 모습은 당신이 솔직하고 열정적이며 자신감에 차 있는 사람이라는 인상을 심어준다.(눈을 마주치기 전에 웃어도 좋다. 효과는 마찬가지다. 이 모든 일은 2~3초 사이에 벌어지므로 편한 대로 하면 된다.)

말하기 "어이", "안녕", "안녕하세요" 등 어떤 인사말을 하든 기쁜 어조로 말한다. 처음 만나는 사이라면 "안녕하세요, 저는 조안나예요" 하고 먼저 이름을 밝히면서 대화를 이끌어간다. 대개는 서로 이름을 소개하면서 악수를 할 것이다. 그런데 가끔은 악수를 하면서 손에 약간 힘을 주게 되는데, 여기에 신경을 쓰느라고 귀로 들은 내용을 뇌가 잘 저장하지 못하는 경우가 발생한다. 그래서 만난 사람들의 이름을 잘 기억하지 못하는 것이다. 조금만 천천히 속도를 늦추면서 상대방의 이름에 귀를 기울여보자.

동조 동조란 상대방의 몸짓이나 말투에 나의 태도를 맞추는 것이다. 두 사람 이상과 이야기할 때는 한 명씩 번갈아 가며 맞추도록 한다. 여러 사람과 대화를 할 때도 한 사람 한 사람과 소통하며 그들의 행동에 동조하는 것이 필요하다. 단 몇 초라도 돌아가면서 한 사람씩 행동을 일치시키는 것이다.

이러한 인사의 규칙은 상대방이 대화를 주도할 때도 똑같이 적용된다. 이 경우에도 당신은 태도를 조절하고 시선을 맞추며, 미소를 짓고 열린 몸짓으로 상대방에게 반응하며 동조하면 된다.

얼마 전 워크숍에서 만난 마그다는 28개 전문 병원의 인사부장들을 한데 모아 새로운 협정을 검토하는 회의를 개최하기 위해 꼬박 두 달을 준비해왔다. 몇 차례에 걸친 그룹 면담을 마친 후에 마그다의 상사는 그녀를 사무실로 불렀다. "좋은 소식과 나쁜 소식 두 가지가 있네. 우선 모두 모여서 회의를 하는 것에 대해서는 합의가 됐어. 그런데 문제는 사람들이 자네와 함께 일하고 싶지 않다는군."

마그다는 엄청난 충격을 받았고, 머릿속이 혼란스러웠다. 그녀는 내게 찾아와 도움을 청했다. 나는 그녀에게 이런 일이 일어난 것이 이번이 처음이 아니라는 사실을 곧 알게 되었다. 마그다는 똑똑하고, 외모도 수려하며, 합리적인 사람이었다. 처음에는 그녀의 이야기를 이해할 수가 없었다. 그런데 맙소사, 다 이유가 있었던 것이다.

"사람들과 사적인 얘기도 좀 하고 그러시나요?"라고 물어보자, 그녀는 이렇게 대답했다. "아니요, 전혀요. 사람들과 실없이 떠들고

> **잡담은 커뮤니케이션에서 윤활유와 같은 역할을 한다. 일이 순조롭게 굴러가도록 만들어준다.**

잡담하는 것은 딱 질색이에요."

그랬다. 이런 태도 때문에 마그다는 마치 도색을 하지 않은 채 출고된 신형 재규어 자동차처럼 보였던 것이다. 모든 면에서 완벽하지만, 가까이하기엔 어딘가 편치 않은 존재 말이다.

"잡담은 커뮤니케이션에서 윤활제 같은 역할을 해요. 일이 한층 순조롭게 굴러가도록 만들어주죠."

잡담은 별것 아닌 일에 대해 편하게 수다를 떠는 것이다. 그런데 놀랍게도 잡담은 윤활유가 되어, 서로 잘 모르는(혹은 전혀 모르는) 사람들이 대립하지 않고 서로에 대해 안전하게 알아갈 수 있도록 도와준다. 얼마나 쉬운가? 가볍게 날씨에 대해 이야기하거나 출퇴근 방법에 관해 질문하는 정도로 시작해보자. 좋아하는 스포츠나 주변에서 있었던 일에 대해 이야기할 수도 있고, 상대방이 입은 옷이나 액세서리에 대해 진심 어린 찬사를 보내는 것도 좋은 방법이다.

이렇게 대화를 하다 보면 여가 시간에는 무슨 일을 하는지, 고향은 어디인지도 알 수 있게 된다. 대중문화도 좋은 이야깃거리가 된다. 최근에 터진 연예계 스캔들, 베스트셀러, 화제가 되고 있는 최신 영화, 아니면 오디션 프로그램의 우승자가 누가 될지에 관해 예상해보는 것도 괜찮다. 그 상황이나 장소에 맞추어 편안하고 자연스럽게 얘기를 꺼낸 뒤 간단한 질문을 이어서 하면 효과 만점이다. 너무 근사한 말을 꺼내려고 고민할 필요 없다. 일단 뭔가 이야기를 시작한

다음, "그렇지 않아요?", "안 그래요?", "그렇죠?"와 같이 간단한 질문을 덧붙이면 된다.

대화의 주제는 가급적 가벼운 것이 좋다. 정치나 성性과 관련된 이야기는 되도록이면 피하라. 이야기를 하면서 상대방이 보내는 신호와 정보를 파악하고 서로에 대해 알게 된 내용을 좀 더 자세히 이야기해보는 것도 좋은 방법이다. 당신이 알고 있는 다른 사람에 관해 이야기하면서 공통점을 찾아낼 수도 있다. 단, 진심으로 관심이 있는 모습을 보여야 하며 남에 대한 험담은 절대 금물이다.

대화의 반 이상은 반드시 상대방이 채우도록 하는 것이 좋다. 입을 다물고 상대에게 귀를 기울이자. 눈으로, 귀로 경청해야 한다.

30

3초 접근법

　　　　　관계를 발전시키려면 사람을 소개해주라. 가령 상사에게 친분이 있는 언론계 사람을 소개하거나, 거래처에 제품 생산 과정을 개선해줄 사람을 소개하는 식이다. 또는 동료에게 자녀의 진로에 관해 조언해줄 사람을 소개해보라. 당신의 인적 자산은 더욱 풍부해진다. 적재적소에 유효한 사람을 많이 소개할수록 당신은 능력 있고 대인 관계에 능한 사람으로 주목받게 될 것이다. 또 사람을 소개하는 일에 능숙해지면 당신은 남들보다 단연 돋보일 것이고, 사람들은 당신을 자신감이 넘치는 사람으로 생각하게 될 것이다.

　　　　　　　　　　　다른 사람을 소개할 때는 상대방이 기다리지 않게 해야 한다. 준비가 되면 바로 진행하라. 이름을 알아야 하는 것은 물론이고, 비즈니스 예절에 어긋나지 않게 사회적 서열에 따라 먼저 아랫사람을

> **❝** 소개는 비즈니스에서 아주 중요한 부분이다. 세련되게 소개하는 법을 익힌다면 능력 있는 비즈니스맨이라는 품질 보증서를 보여주는 셈이다. **❞**

윗사람에게 소개해야 한다.

　서열을 정하기가 어려운 경우에는 나이를 기준으로 삼는 것이 좋다. 여러 사람을 단체로 소개하는 경우, 그중에 잘 모르는 사람이 있으면 "제 이름은 아무개입니다. 처음 뵙는 것 같습니다"라고 자신을 먼저 알린 후에 그 사람을 포함해 함께 소개하도록 한다.

　어떤 모임에 참석했는데 만나고 싶었던 사람이 거기에 있다면, 주최자나 두 사람을 모두 아는 지인에게 부탁해 소개를 받아야 할 것이다. 하지만 모든 일을 흘러가는 대로 그냥 내버려두어서는 안 된다. 당신에 대한 10초짜리 광고를 미리 생각해두었다가 소개자에게 미리 일러두면 효과적이다. 이름, 출신 지역, 직업 등 소개를 받을 상대방이 관심을 가질 만한 내용이면 무엇이든 좋다. 정보를 제공하는 소개는 그저 "마고, 제이미를 소개할게요. 제이미, 이분이 마고에요"라고 얘기하는 것보다 관계를 성공적으로 만들 가능성이 훨씬 높다.

　정말 깊은 인상을 남기고 싶다면, 사전에 소개자에게 물어 상대방과 관련된 재미있는(너무 사적인 이야기는 피하라) 에피소드를 한두 가지 알아둔다. 그리고 그 사람과 만나게 되면 이렇게 이야기하는 것이다. "피터한테 들었는데, 지난달에 자전거로 과테말라 일주를 했다면서요. 대단한데요. 뭐 힘든 일은 없었나요? 어떻게 그곳에 가게 된 거죠?" 상대방의 근황이나 특별한 사항을 알고 있으면 자연스럽게 잡담을 나누게 되고, 좀 더 빨리 서로에게 다가갈 수 있다.

이상적인 것은 친구가 있거나 언제든 누군가를 소개해줄 수 있는 지인이 있는 환경일 것이다. 말하자면 파티나 지인과의 점심 약속, 인터넷 커뮤니티 모임과 같이 서로 마음을 터놓고 교류할 수 있는 정서적으로 편안한 공간이다. 학자들은 이러한 환경을 '폐쇄 공간closed fields'이라고 부른다. 다른 사람을 얼마든지 만날 기회가 있고, 또 실제로 그렇게 되리라는 기대를 하게 되는 환경을 가리킨다. 이렇게 편안한 폐쇄 공간에서 지인의 소개로 사람들을 만나게 되면 어렵지 않게 말문이 트인다. "바비를 어떻게 알아요?"나 "이 프로젝트에는 어떻게 참여하게 됐어요?" 같은 간단한 질문을 던지는 식으로 말이다. 이런 환경에서는 관심사나 가치관, 취향을 서로 공유하기가 쉬울 뿐 아니라, 빠르고 효과적으로 신뢰 관계를 형성할 수 있다.

반면에 컨벤션이나 제품 설명회, 공항 라운지, 통근 버스와 같은 '개방 공간open field'에서 평소 만나고 싶었던 사람을 보게 되는 경우도 있다. 그런데 사람들은 대부분 이런 상황을 부담스러워한다. 어려서부터 부모님이 우리에게 "낯선 사람과는 절대 얘기해서는 안 돼"라고 가르치신 덕분일까? 무조건 그래야 한다는 생각이 몸에 배어 굳어져버린 것이다.

> 사람들에게 다가가는 것을 쑥스러워하며 머뭇거려서는 안 된다. '하나, 둘, 셋'을 센 뒤 주저하지 말고 자신을 소개하도록 하라.

이제 새로운 규칙을 만들어보자. "낯선 사람과 얘기하지 말라"라는 말은 어린아이들에게는 명심해야 할 주의 사항이지만, 어른에게는 유효기간이 끝난 말이다. 더 이상 의미가 없을 뿐만 아니라, 경우에 따라서는 역효과를 가져올 수도 있다. 물론 낯선 사람에게 접근해 말을 걸려면 큰 용기가 필요하다. 그러나 지금 용기를 내서 행동에 옮기지 않으면 다시는 그 사람을 볼 수 없는 경우가 많다.

다음은 낯선 사람들에게 자연스럽게 접근해서 개인적인 친분 관계를 맺을 수 있게 도와주는 단계별 접근법이다. 예를 들어 치과 의사들의 컨벤션에 참석한 경우라면 다음과 같이 접근해보라. 이것을 조금만 수정하면 직장이든 전시회에서든 어디서든 필요할 때마다 적용할 수 있다.

● 3초 안에 접근하라

너무 깊이 고민할 것 없다. 크게 심호흡을 하고 셋까지 센 다음 호감 가는 태도를 취하라. 차분하면서도 호기심 많고 열의가 넘치는 태도 말이다. 아주 간단하다. 말을 건네고 싶은 상대가 눈에 보이면 속으로 '하나, 둘, 셋'을 센 뒤 주저하지 말고 다가가면 된다. 이때 중요한 것은 3초 안에 움직여야 한다는 점이다. 그 사이에 머리가 작동해 그 상황을 피해버릴 핑곗거리를 찾기 시작하면 곤란해진다. 열린 자세로(팔짱을 끼거나 주머니에 손을 넣지 말라) 순간을 포착해서 셋을 센 다음 접근하라.

● 무슨 말이든 던져라

상황에 어울리는 가벼운 얘기(날씨나 그 지역에 관한 소식 같은 것)로 대화를 시작한 뒤, 연이어 간단한 질문을 던진다.(언제, 어디서, 누가, 무엇을, 왜, 어떻게 등으로 시작하는 질문 한두 가지면 된다.) 목표는 두 사람 정도의 주의를 돌릴 수 있는 화젯거리를 고르는 것이다. 상황이 허락한다면 카탈로그 같은 소품을 활용해도 좋다. 카탈로그를 집어 들고 잠시 후에 무심한 듯 질문을 던지는 것이다. "이 회사에 대해 뭐 좀 아시는 게 있나요?"

- **신뢰를 구축하라**

일단 대화를 시작했으면 진실한 인상을 주고 신뢰를 얻는 것이 중요하다. 신뢰를 구축할 수 있는 가장 좋은 방법은 직장이나 학교 또는 믿을 만한 지역 활동단체의 일원으로 이 행사에 참여하게 되었음을 밝히는 것이다. 이를테면 이런 식이다. "사무실은 몬트리올에 있는데, 거의 매년 이 행사에 참여하고 있어요."

- **공통점을 찾아라**

"어머, 저도요"라고 말할 수 있는 기회를 만들어보자.("이거 참 재미있는 일이네요" 또는 "이런 우연의 일치가 있을까요?") 단, 솔직하고 진실한 모습이어야 한다.

- **의연하게 받아들여라**

20초 정도만 얘기해보면 그 사람이 대화에 관심이 있는지 충분히 파악할 수 있다. 설사 상대의 반응이 신통치 않더라도 실망하지 말고 예의를 갖춰 대화를 마무리하라. 두려워하지 말고 차분하고 의연하게 결과를 받아들이자.

- **상대에게 동조하라**

뭔가 통하는 것이 있다고 생각되면, 강도를 더 높여보자. 그 사람의 전체적인 자세나 말투(목소리 톤, 말하는 속도와 크기)를 알게 모르게 따라 해보는 것이다. 상대가 천천히 조용하게 이야기한다면, 당신도 천천히 조용하게 반응해야 한다.

- **교류를 위한 관계를 맺어라**

만약 2분이 지난 뒤에도 상대와 계속 대화를 하고 있다면, 계속 이야기를 나눌 만한 곳으로 장소를 옮길 수도 있고, 전화번호나 이메일 주소를 교환할 수도 있다. 그러나 선뜻 전화번호나 이메일 주소를 물어보기가 쉽지 않을 수도 있다. 그럴 때는 다시 하던 얘기로 돌아가라. 이메일 주소를 알려주면 그와 관련된 사람이나 정보에 대한 자료를 보내주겠다고 제안하는 것이다.

연락처를 물어볼 때는 차분하게 상대방의 눈을 바라보며 이야기하라. 상대방이 당신의 제안에 동의하면 연락처를 받아 적거나 명함을 교환하면 된다. 혹시 상대방이 거절한다면 점잖게 "만나서 반가웠습니다"라고 얘기하고 갈 길을 가면 된다. 자존심 상할 일이 아니다.

3초 접근법 실전 연습

다음과 같은 상황에서 친밀한 관계를 형성하려면 어떤 말을 해야 할까? 몇 마디 말을 건네면서 간단한 질문을 덧붙여보자.

1. 편의점에서 나오려는데 마침 비가 온다. 당신처럼 우산이 없는 사람들이 차양 아래서 비가 그치기를 기다리고 있다. 당신 바로 옆에도 한 사람이 서 있다. '하나, 둘, 셋.' 자, 당신은 어떻게 말할까?
2. 일을 하다가 잠깐 밖으로 나가 쉬기로 했다. 오늘 날씨가 정말 기가 막히게 좋다. 그때 오늘 출근한 신입 사원을 처음 만났다. '하나, 둘, 셋.' 자, 다가가서 어떻게 말할까?
3. 출근하자마자 커피를 마시려고 자판기 앞으로 갔는데, 안면이 있는 다른 부서 직원이 마침 커피를 뽑고 있다. '하나, 둘, 셋.' 당신은 어떻게 말할까?

공통점을 찾아내는 **질문**의 **기술**

31

단숨에 신뢰 관계를 구축하기 위한 핵심은 공통점을 찾아내는 일이다. 사람들은 일반적으로 자신과 비슷한 사람을 좋아한다. 영화 보기, 쇼핑하기, 여행하기, 축구 경기 관람하기 등 같은 취미를 가졌다는 사실을 알면, 상대의 경험이나 표현에 친숙함을 느끼게 된다. 그리고 그 사람을 이해하고 신뢰하는 마음이 점점 커져서 어느 틈에 상호 유대감이 생겨난다.

이렇게 상대방과의 공통점을 일찍 찾을수록 라포르는 빨리 형성된다. "비가 올 것 같은데요", "레드삭스 팀은 어때요?" 등으로 시작해서 자잘한 신변잡기나 사업상의 소소한 얘기로 넘어가 보자. 이를테면 이렇게 말이다. "엔진 공장에서 설비를 교체하고 있어서 지금 스케줄 조정 때문에 난리거든요. 거기는 별문제 없으세요?"

엔진 공장 등과 같은 공통된 주제가 없더라도 염려할 것 없다. 상대방과 대화하기 가장 쉬운 방법은 따로 있으니까. 바로 그에게 무언가를 물어보는 것이다. 만약 컨벤션에서 만났다면 교통편이나 호텔,

> **공통점을 찾으려면 상상력을 자극하는 질문을 하라.**

그 지역에 대한 첫인상 같은 것을 물어본다. "여기에 처음 오신 건가요? 첫인상이 어때요?", "전망대에서 본 풍경이 어땠어요?" 등 이야깃거리가 될 수 있는 것은 무엇이든 좋다.

라포르를 형성할 만한 또 다른 질문에는, "어떻게 영업을 하게 되셨죠?"나 "어떤 계기로 금융에 발을 들여놓게 되셨나요?"와 같이 어떤 계기를 물어보는 것이 있다. 이 부분에 대해서는 누구나 할 말이 많은 편이어서, 대화는 십중팔구 자연스럽게 풀려 나간다. 이 과정에서 공통점을 발견하게 되면 방향성이 생기면서 탄력이 붙고 분위기가 훨씬 편안해지기 때문에, 상대적으로 여유를 갖고 대화를 할 수 있다.

이에 반해 공통점을 찾는 단계를 그냥 지나치면 살얼음판을 걷는 것처럼 아슬아슬해진다. 지금부터 들려줄 이야기는 얼마 전 어느 회사의 중역들을 대상으로 한 세미나에서 들은 것이다. 한번 소통의 기회를 놓치면 연달아 기회를 놓치고 만다는 사실을 여실히 보여주는 안타까운 사연이다.

이야기의 주인공인 루신다는 증권 회사에서 애널리스트로 일하는 야심만만한 젊은 여성이다. 그리고 다이앤은 같은 회사의 수석 애널리스트로서, 프레젠테이션을 잘하기로 명성이 자자한 사람이었다. 루신다는 중요한 프레젠테이션을 앞두고 다이앤에게 도움을 청하려고 그녀를 점심 식사에 초대했다.

"몽골 요리에 대해 좀 아세요?" 루신다는 자신이 고른 몽골 식당에서 다이앤을 중앙에 있는 뷔페로 안내하며 물었다. 그러고는 다이앤이 대답할 틈도 주지 않고 계속 말했다.

"이 요리 정말 맛있어요. 자, 더 드세요. 제가 접시에 담아드릴게요." 루신다는 익지도 않은 돼지고기와 닭고기를 듬뿍 집어 다이앤의 접시에 수북이 담았다. "너무 욕심부리는 것 같아 보이겠지만, 익으면 푹 꺼지거든요."

"일전에 몽골 식당에 가본 적이 있어요." 다이앤이 잘라 말했다.

"여기 와본 적이 있으세요?" 루신다는 이렇게 물으며 계속 떠들어댔다. "유명 스타들도 오는 곳이래요. 얼마 전에 누가 왔었는지 아세요?"

테이블에 돌아와서도 루신다는 말을 멈추지 않았다. 식사를 하는 동안에도 그녀는 어떤 식당의 요리가 맛있다느니, 어떤 연예인을 봤다느니, 자기가 다니는 체육관이 어떻다느니 이런저런 얘기를 줄기차게 계속했다.

"그런데, 프레젠테이션 얘기는 뭐죠?" 다이앤이 말을 막았다.

"2주 뒤에 프레젠테이션을 해야 하거든요. 사장님께서 맡기신 일 중에 가장 큰 건인데 망쳐서는 안 되잖아요. 그래서 조언을 좀 해주셨으면 해요."

"누구를 대상으로 하는 건데요?"

"그건 기밀이라 말할 수가 없어요." 루신다는 혹시라도 누가 들을까 봐 신경이 쓰이는 듯 식당 안을 둘러보며 말했다.

"지금 말할 수 없다고 했나요?" 믿지 못하겠다는 듯한 표정으로 다이앤이 다시 물었다.

루신다는 고개를 끄덕이며 말했다. "사장님이 말하지 말라고 하셨거든요."

"프레젠테이션을 잘하려면 누구를 대상으로 하는 것인지 파악하는 것이 가장 먼저 할 일이에요. 그런데 말을 할 수가 없다고요? 그러면서 내가 어떻게 도와주기를 바라는 거죠?" 다이앤은 이미 식사를 그만둘 기색이었다.

"모두들 그러는 거예요. 이런 프레젠테이션에서 당신을 따라갈 사람이 없다고. 그래서 그 비결을 좀 들을 수 있을까 생각했었는데……."

> "여기 회의 장소로 어때요?" 와 같은 개방형 질문을 던져라. 사람들은 어떻게 대답할 것인지 생각하는 과정에서 일종의 친밀감을 느낄 수 있다. 자신이 마음속에 떠올린 것을 상대방도 똑같이 보고 듣고 느끼는 양 생각하는 것이다.

다이앤의 화난 표정을 본 루신다는 목소리가 점점 기어 들어갔다.

"아, 그래요?" 다이앤은 시계를 들여다봤다. "내가 프레젠테이션을 하는 방법과 지금까지 배우고 익힌 기술들을 알아내서 언젠가는 내 자리를 차지하겠다는 건가요?"

루신다는 그 질문에 어떻게 대답해야 할지 몰라 잠시 생각에 잠겼다. 다이앤이 또다시 시계를 힐끗 들여다보자 그녀는 모기만한 목소리로 말했다. "지금 시간이 별로 없으시면 나중에 이메일로 알려주실래요?"

다이앤은 계산서를 갖다달라고 손짓하면서 침착하게 말했다. "그러고 싶지 않네요."

나, 나, 나. 루신다는 오로지 자신밖에 몰랐다. 도움을 받아야 한다는 생각에 조바심이 나서 쓸데없는 이야기만 늘어놓다가, 정작 자기를 도와줄 사람을 완전히 화나게 만들어버린 것이다. 실없는 얘기를 하느라 바빠서 다이앤과 소통할 수 있는 기회는 단 한 번도 제대로 만들지 못했다.

사실 다이앤이 몽골 식당에 가본 적이 있다고 했을 때, 바로 거기에 공통 관심사로 넘어갈 수 있는 다리가 있었다. "어머, 반가워라. 뭐가 맛있어요? 언제 갔었는데요?"라고 대화를 이어가야 했지만, 루신다는 그 기회를 놓쳐버렸다. 그도 아니면 자신의 문제점을 솔직히 인정하고 약점을 진솔하게 보여줘야 했다. 이런 식으로 말이다.

"프레젠테이션을 너무 잘하셔서 부러워요. 정말 존경합니다. 한 수 가르쳐주세요."

"이번에 큰 프로젝트를 맡았는데, 엄청나게 스트레스를 받고 있거든요. 사람들이 어떻게 생각하는지 잘 아시잖아요. '여자가 뭐 제대로 할 수 있겠어?' 하는 시선들 말이에요."

"이론은 알겠어요. 근데 앞에만 나가면 얼어붙는 거예요. 다이앤, 당신은 프레젠테이션의 고수잖아요. 저 좀 도와주세요."

루신다와 다이앤은 동지가 될 수 있었다. 그러나 루신다는 좋은 첫인상을 남기지 못했고 피드백을 전혀 주고받지 않았을 뿐 아니라, 융통성도 없었고 상상력도 이끌어내지 못했다. 그녀는 공통의 관심사를 찾는 데 성공하지 못했고, 결국 상대방과 좋은 관계를 맺는 데 실패하고 말았다.

공통점 찾기 연습

지금부터 잘 알지 못하는 사람, 혹은 전혀 모르는 사람과의 공통점을 찾는 연습을 해보자. 60초 안에 공통점을 발견해내기로 하자. 다음에는 30초 이내로 시간을 단축해보자.

공통점을 찾으려면 상상력을 불러일으키는 질문을 하는 것이 좋다. 그렇다고 특이하고 이상한 질문을 할 필요는 없다. 단, "전에 여기 와본 적이 있으세요?"처럼 '그렇다/아니다'의 단답형 대답이 나올 만한 질문은 바람직하지 않다. 그보다는 "여기 회의 장소로 어때요?"와 같은 개방형 질문을 던져라. 이런 질문을 '최면형 질문'이라고 부르기도 한다. 대답을 생각하느라고 사람들이 잠시 몽롱해지기 때문이다.

어떻게 대답할 것인지 상상하는 과정에서 재미있는 일이 벌어지기도 한다. 일종의 친밀감을 느끼는 것인데, 자신이 마음속에 떠올린 것을 마치 상대방도 똑같이 보고 듣고 느끼고 맛보는 양 생각한다는 것이다. 가령 최근에 재미있게 본 영화에 관해 물어보면서 그들의 표정과 행동이 어떻게 달라지는지 살펴보면 쉽게 이해할 수 있을 것이다.

다른 사람들은 어떤 식으로 공통점을 찾는지 적극적으로 듣고 관찰할 필요도 있다. 그리고 자신에게 맞는 질문거리를 늘려나가자. 사람마다 받아들이는 것이 다르므로 모든 사람에게 똑같은 질문을 할 수는 없다. 하지만 분명한 것은 센스 있는 질문 서너 가지만 가지고도 놀라울 정도로 많은 사람들과 관계를 맺을 수 있다는 것이다.

32

가슴으로 이끄는 질문 VS 머리로 이끄는 질문

조직에서 대화는 모든 것을 한데 모으는 접착제 역할을 한다. 미국의 방송사 CNN에서는 다음과 같은 내용으로 여론 조사를 한 적이 있다. "당신은 비즈니스와 관련된 대화를 얼마나 잘하십니까?" 총 3,537명의 응답자 가운데 30%는 "나는 문고리와도 얼마든지 재미있는 대화를 나눌 수 있다"를 선택했고, 40%는 "어떤 때는 잘하는 편인데, 대부분 운이 좋았던 것이다"를 골랐다. 그리고 나머지 22%는 "늘 두렵다. 긴장해서 말을 더듬거린다"를 선택했다.

당신 자신에게 이런 질문을 던져보자. 내가 대화하는 방식은 공을 주고받는 테니스 같은 형태인가, 아니면 홀hole을 향해 각자 공을 치다가 점수를 기록할 때만 모이는 골프 같은 형태인가? 후자라면 혼자 공을 치다가 지루해질 때 한번 주변을 둘러보라. 당신에게 테니스를 가르쳐줄 용의가 있는 사람들이 분명 있을 테니까.

나는 지금까지 인터뷰를 수백 번도 넘게 했는데, 그때마다 진행자에게 물어보곤 하는 질문이 있다. 어떤 식으로 사람들에게서 이야기를 끌어내느냐 하는 것이다. 신문 기자든 라디오나 TV 진행자든 가리지 않고 같은 질문을 던지곤 하는데, 대답은 모두 한결같았다. 질문, 특히 개방형 질문이 대화를 여는 점화 플러그 역할을 한다는 것이다.

개방형 질문은 대화가 계속해서 굴러가도록 만들기 때문에 결국은 사람의 마음을 열게 한다. 그에 비해 폐쇄형 질문은 사람의 마음을 열지 못한다. 개방형 질문은 사람을 가슴으로, 감정으로 이끌지만 폐쇄형 질문은 머리로, 논리로 끌고 간다. '언제', '어디서', '누가', '무엇을', '왜', '어떻게' 로 시작하는 질문은 상상을 하도록 유도한다. 그에 비해 "~입니까?", "~을 했습니까?", "~한 적 있습니까?"와 같은 질문에는 논리에 따라 "예" 또는 "아니오"로 끝나는 대답이 나올 뿐이다. 예를 들자면,

질문 "그 가게에 갔었습니까?"
대답 "예."

이런, 또 다른 질문을 생각해야 되잖아! 이번에는 대화가 굴러갈 만한 질문을 던져보자.

"누가 그 가게에 있었습니까?"
"가게에 가는 길에 무엇을 했습니까?"
"가게에는 왜 갔습니까?"

"가게가 어디에 있습니까?"
"가게에 어떻게 갔습니까?"

이런 질문은 모두 기억을 더듬어 그때의 경험을 떠올리게 한다. 대답이 감각적이고 풍부하고 창의적일수록 그 사람이 흥미를 보이고 있는 것이며, 대화도(그리고 관계도) 더 발전하게 될 것이다. 이처럼 질문을 통해 감각적인 기억을 상세히 끄집어내게 만들면, 상대방으로 하여금 스스로가 세상에서 가장 똑똑한 사람이라고 느끼게 할 수도 있다.

그렇다고 세관 공무원처럼 무뚝뚝하게 질문을 연달아 해서는 곤란하다. 부드럽게 접근해야 한다. 대화에 시동을 걸기 위해서는 그 장소나 상황에 관한 공통적인 화젯거리를 꺼내는 것도 좋은 방법이다. 예컨대 "작년보다 전시회 출품자가 많은 것 같네요. 어디 멀리서 오셨습니까?", "가게에 오는 길이 공사 중이던데, 어떻게 잘 오셨네요?", "모두들 즐겁게 대화를 하고 있네요. 이런 모임을 더 자주 갖는 게 어떨까요?" 같은 식으로…….

> **상대방의 상상에 불을 지펴 대화에 불이 붙도록 하라.**

대화를 풀어가는 또 다른 요령은 상대방의 상상력에 직접 명령을 내리는 것이다. "~에 대해 말씀해주시겠어요?" 이렇게 말이다. 빈 부분은 당신이 채워보자. "여행이 어땠는지 얘기해주시겠어요?"라든가 "4층에 새로 온 분들 얘기 좀 해주시겠어요?"처럼 의견을 묻거나 어떤 이야기를 들으려면 일단 상대방 쪽으로 공을 넘겨라. 상대방이 대답을 하면, 중요한 점에 주목했다가 그중 가장 확실한 것 하나를 택한다. 여기서 '중요한 점'이란 대화의 방향을 잡고 초점을 맞추어갈 때 상대방에게 되풀이해서 해줄 만한 말을 가리킨다.

다음은 최근에 한 중소기업의 CFO Chief Financial Officer(재무 담당 최고 책임자)와 나눈 대화 내용이다. 여기서 '중요한 점'에 해당하는 말들을 이탤릭체로 표시해보았다.

"귀사의 반송 정책은 어떤지 궁금하군요. 좀 말씀해주시겠어요?" 내가 말했다.

"우선 우리와 거래하는 *화물 회사가 중량에 대한 규정을* 새로 바꿨기 때문에 우리도 지난 7월에 창고 절차를 바꾸게 되었습니다."

그는 한숨을 쉬며 고개를 흔들었다.

"그것 때문에 *해운 회사 사람들이* 아주 골머리를 썩고 있어요."

"그래서 해운 회사 사람들은 그런 변화에 어떻게 대처했나요?"

이렇게 대화가 시작되었다. 그 뒤 몇 분 동안 나는 인사 관련 문제, 문제 해결 전략, 그리고 하마터면 일이 잘못될 뻔한 사례들에 관한 이야기를 들었다. 나는 계속 공을 주고받기 위해 질문을 몇 번 더 던지고 상대방의 얘기에 주목하면서 반응을 보였다. 고개를 끄덕이거나 한두 번쯤 "아, 그래요" 한다든가, 어깨를 으쓱해 보이면서 말이다. 그 후로도 우리는 한동안 더 대화를 나누었는데, 그러면서 나는 많은 것을 알게 되었다. 아마 그 CFO는 자신이 그 방에서 가장 재미있는 사람이라는 확신을 가지고 돌아갔을 것이다.

질문에 질문으로 답하기

친구와 질문으로만 대화를 하는 연습을 해보자. 질문에 질문으로 답을 하는 것이다. 이것은 대화술을 연마하기 위한 좋은 방법이다.

실전으로 들어가 누가 질문을 할 때마다 질문으로 대답을 해보라. 혹시 실수를 하더라도 걱정할 것 없다. 당신이 뭘 하려고 했는지 아무도 모를 테니까.

33
내가 아니라 상대방이 말을 하게 해야 한다

영국의 정치가 벤저민 디즈레일리Benjamin Disraeli는 서른세 살에 의회에 진출했고, 예순네 살에 총리가 되었다. 그의 정치적 라이벌은 유명한 연설가이자 자유당 당수를 네 번이나 역임한 윌리엄 글래드스턴William Gladstone이었다.

어느 날 저녁, 글래드스턴은 한 젊은 여성과 함께 저녁 식사를 했다. 그리고 공교롭게도 그 여성은 그 다음날 디즈레일리와 저녁을 함께하게 되었다. 나중에 이들 두 명에게서 어떤 인상을 받았느냐는 질문을 받자 그 여성은 이렇게 대답했다. "글래드스턴과 식사를 한 다음에는 그가 영국에서 가장 똑똑한 사람이란 생각이 들었어요. 그런데 디즈레일리와 식사를 하고 난 후에는 내가 영국에서 제일 똑똑한 사람이라는 생각이 들더군요."

두 사람 다 똑똑하고 언변이 유창한 사람들이었지만, 결과는 판이하게 달랐다. 글래드스턴은 주로 자신에게 초점을 맞춰 대화를 이끌어갔지만 디즈레일리는 정반대였다. 아마도 글래드스턴은 상대보다 말을 많이 했을 것이고, 디즈레일리는 그 반대였을 것이다.(이는 디즈레일리가 남긴 명언을 통해서도 확인할 수 있다. "상대방의 일을 화제로 삼으면 상대방은 몇 시간이든지 귀를 기울여줄 것이다.") 그 결과 디즈레일리는 일반적인 인간 관계나 비즈니스 관계를 뛰어넘는, 훨씬 더 깊고 기억에 남는 수준의 관계를 형성할 수 있었다.

그렇다. 디즈레일리는 가장 유익한 태도 세 가지를 몸에 익히고 있었다. 바로 열정, 호기심, 겸손이다. 그에 비해 글래드스턴은 겸손이라는 측면을 간과했다. 인터뷰 진행자가 게스트보다 말을 많이 하는 토크쇼를 본 적이 있는가? 그것은 얼마나 지루하고 짜증이 나는가? 성공적인 관계를 맺기 위한 기본 규칙은 이런 인터뷰가 주는 교훈과 흡사하다. 자신이 말하는 데 치중하는 것이 아니라, 상대방이 말하게 해야 한다는 것이다. 자신은 계속해서 상대에게 집중하고 적극적으로 피드백을 해주면서 맞장구를 쳐야 한다. 상대방으로 하여금 자신이 아주 재미있는 사람이라는 인상을 남겼다는 확신을 가지고 돌아가게 하는 것만큼 좋은 성과가 어디 있겠는가?

> **단순히 '예, 아니오'로 답하게 되는 질문은 피해야 한다.**

만약 당신이 어떤 조직 안에서 재미없는 사람으로 낙인찍혔다는 생각이 든다면, 어떻게 해야 할까? 내 친구 조지의 얘기를 들어보자.

조지는 컨설팅 회사의 인사부장이다. 나이는 마흔이 조금 넘었고,

자의식이 강한 편이었다. 그는 내게 아랫사람들과 소통하는 데 부쩍 어려움을 겪고 있어서, 회사 생활을 성공적으로 지속하려면 관계를 좀 더 개선해야 한다는 생각이 들었다고 토로했다. 나는 질문에 질문으로 대답하는 방식을 활용하면 그다지 공통점이 없는 사람과도 관계를 개선할 돌파구를 찾을 수 있다고 조언해주었다. 얼마 후 조지는 다음번 회사 워크숍을 어디에서 진행할지에 관해 직원 두 명과 비공식 회의를 했다.

"올해는 꼭 시내 가까운 곳에서 하지요. 부장님은 어떻게 생각하세요?" 자신만만해 보이는 스물다섯 살의 데일이 말했다.

"랭커스터는 어떨까?" 조지가 물었다. 랭커스터는 낡고 오래된 여관이었는데, 최근에 리모델링하여 멋진 비즈니스호텔로 탈바꿈한 곳이었다.

"좋지요. 근데 350명을 수용할 수 있을까요?" 바로 그 부근에 사는 재키가 말했다. 그는 사흘 정도라면 시골에서 워크숍을 하는 것이 더 좋다고 생각하고 있었다.

"어떻게 하면 가장 좋은 방안을 찾을 수 있을까?" 조지가 되물었다.

"가서 한번 알아보죠." 데일이 의견을 냈다.

"이번에도 9월에 하려고 하는데 어떻게 생각하나?" 조지가 물었다.

"9월이면 시골에서 하는 게 딱 좋겠네요." 재키가 말했다. "볼더

스로 가는 건 어떨까요? 마치 즐거웠던 옛 시절로 돌아간 것 같을 거예요."

"옛 시절을 회상하기에는 너무 어린 것 아닌가요?" 데일이 빈정거리듯 말했다.

"사람들도 좋아할 것 같아서 한 말이죠." 재키가 쏘아붙였다.

"즐거운 시간을 가지려면 라스베이거스에 대해 얘기해야 하는 거 아냐?" 조지가 활짝 웃으면서 말했다.

두 사람은 놀라서 잠시 그를 쳐다보다가 이내 웃음을 터뜨렸다. 조지는 이제 그들과 한편이 되었다.

'우리가 비로소 대화를 하고 있구나. 참 기분 좋다.' 조지는 생각했다. '우리는 한 팀이야. 난 그중 한 멤버일 뿐이고.'

처음에 조지는 사람들과 연결되고 싶으면 질문에 질문으로 답하라는 얘기를 듣고는, '이 친구가 지금 농담하나?' 하고 생각했다고 한다. 그런데 막상 해보니 기발하고도 효과적인 방법이었다. 그는 젊은 직원들과 친해졌을 뿐 아니라, 좋은 아이디어도 몇 가지 건지는 소득을 얻었다.

내 앞에 있는 사람에게 집중하라

대화를 계속해서 이어가려면 말과 행동으로 피드백을 주어야 한다. 말뿐만 아니라 몸짓으로도 상대방의 얘기를 흥미롭게 잘 듣고 있다는 표현을 해야 한다.

가장 어리석은 일은 상대방의 눈을 바라보지 않고, 어디 더 중요한 대화 상대가 없나 하고 그 사람의 어깨 너머를 두리번거리는 것이다. 이런 사람은 결국엔 그 속내를 들켜서 상대에게 불쾌감만 주게 된다. 지금 함께 있는 사람에게 눈과 귀를 집중하라. 그렇게 친밀감을 형성하고 그것을 키워가다 보면 어느덧 서로가 중요한 사람이라는 느낌이 들게 된다.

호기심을 잃지 말라. 질문을 하고 관심을 표시하면서 상대방의 이야기를 이끌어내다 보면 그 사람이 무엇에 감동하는지, 그 사람을 움직이는 것이 무엇인지 알아낼 수 있다. 또한 앞으로의 꿈은 무엇인지, 지금은 어떤 일을 하고 있는지, 어린 시절은 어땠는지, 왜 밤잠을 설치는지 관심 어린 눈길로 바라보라. 사장이 무엇 때문에 밤잠을 설치는지, 동료 가운데 누가 어떤 야심을 갖고 있는지 안다면 소통하는 데 도움이 되지 않겠는가?

34

부드럽지만 궤도를 벗어나지 않는 기술

누군가를 만나 이야기를 나누다 보면, 어느 시점부터 대화가 탄력을 받기 시작한다는 느낌을 갖게 된다. 일부러 그런 순간을 찾으려 애쓸 필요는 없다. 느낌으로 자연히 알 수 있기 때문이다. 그때가 되면 예의를 차리는 단계에서 좀 더 인간적인 대화로 옮겨가야 한다. 그러기 위해서는 태도와 의도 또한 바꾸어야 한다. 여기서 내가 '사실 대화'라고 부르는 것과 '감성 대화' 사이에는 질적인 차이가 있다. '사실 대화'는 개인의 논리적이고 분석적인 측면에 호소하는 반면, '감성 대화'는 감각과 상상에 호소하는 것이다.

> 눈으로, 목소리로, 몸으로 상대방의 이야기에 완전히 몰입해 있다는 것을 보여줘야 한다.

감성 대화에 능한 사람과의 커뮤니케이션은 편하고 친밀하며, 때로는 가십 따위를 포함하기도 한다. 감성 대화에는 '언제', '어디서', '누가', '무엇을', '어떻게', '왜'라는 말로 정서적인 반응을 이끌어내는 마법이 있는 반면,

사실 대화에서는 오로지 정보만을 얻을 수 있을 뿐이다.

감성 대화는 주로 감각에 의존해 이런 식의 질문을 한다. "~에 대해서 어떻게 느끼시나요?", "~을 어떻게 보시나요?", "~을 어떻게 들으셨나요?" 이는 부드러운 말투와 듣기 좋은 말들로 상대방을 대화에 끌어들인다. 예컨대 이런 말들이다. "이것이 제대로 돌아가려면 어떻게 해야 하는지 좀 알려주세요." "첫인상이 어떠셨어요?" "왜 거기에 세워야 한다는 건지 다시 한 번 말씀해주세요."

감성 대화에 익숙한 사람은 상대를 첫마디에 바로 상상에 빠지게 한다. 이따금씩 고개를 끄덕이거나 살짝 몸을 흔들며 나지막하게 맞장구치면서 상대방이 고무되도록 부추긴다. 이런 과정 속에서 그들의 관계는 더욱 돈독해진다. 그에 비해 정보에 주안점을 두는 사실 대화는 혼자서 테니스를 치는 것처럼 대화를 막다른 골목에 다다르게 한다.

감성 대화를 나눌 때는 주로 듣기 좋은 말과 다정한 보디랭귀지를 사용하지만, 능력 있는 사람은 그 와중에도 언제나 자신이 원하는 것에 초점을 맞춘다. 그런 사람은 상대를 어디로 이끌고 가더라도 늘 확실한 목표를 놓치지 않는다. 항상 자신의 'KFC'를 작동시키고 있는 것이다.

내가 컨설팅을 맡았던 한 중소 제조업체의 CEO인 애버게일의 사례를 살펴보자. 애버게일은 나를 직원들의 비공식적인 모임에 초대했는데, 그 모임은 그달의 성과를 편하게 짚어보고 앞으로의 계획을 논의하는 자리였다. 애버게일은 단시간에 서로간의 벽을 허물고 친밀해지는 기술과 적극적으로 듣는 방법, 계속해서 초점을 유지하는 법을 아는 사람이었다.

내가 도착했을 때 그녀는 부장들로부터 가벼운 질문을 받고 있었다. 내년에 예상되는 문제들에 어떻게 대처할 것인지에 관한 질문이었는데, 그 과정에서 부장들보다 오히려 그녀가 더 많은 것을 파악해냈다. 그녀는 언뜻 수다를 떠는 것처럼 보이지만 의도를 가지고 움직이는 사람이었기 때문이다.

> 아무리 편안한 자리라 하더라도 자신이 원하는 정보를 얻어낼 수 있도록 집중해야 한다.

그래서 그들의 얘기를 경청하고 지켜보면서도 그 자리에 모인 목적을 놓치지 않을 수 있었다.

애버게일은 그 모임이 비공식적이라는 점을 이용해 운송 책임을 맡고 있는 마이크에게 느닷없이 펀치를 날렸다.

"마이크, 좋은 성과 거둔 것 축하해요. 이제나저제나 보고하기를 기다렸는데."

"죄송합니다. 아시다시피 주문에 맞추느라고 사방팔방 뛰어다니다 보니 공식적인 보고서를 쓸 시간이 없었습니다. 괜찮으시다면 여기서 간단히 말씀드릴까요?"

그녀는 미소를 지으며 사려 깊게 고개를 끄덕이더니 온화한 목소리로 대답했다. "그랬군요. 그런데 저는 두 가지 이유에서 반대합니다. 첫째, 직원들이 그렇게 손이 달릴 정도로 일했다면, 그로 인해 사기가 높아졌다든지 떨어졌다든지, 혹은 들고일어나기 직전이라든지 하는 상황을 파악해야 하지 않을까요? 서면 보고서에는 이런 과중한 업무 압박 속에서도 직원들의 사기를 높이는 방법이 기록되어 있어야 할 겁니다. 고객 만족 사례에 대한 구체적인 수치 또한 포함되어야 하고요. 둘째, 당신의 말은 누군가가 도와주었다면 보고서를 작성할 수 있었다는 얘기로 들리는데, 요청하지도 않은 것을 어떻게 도와줄 수 있겠습니까? 다음 회의 때까지는 보고서를 준비할 수 있겠지요?"

애버게일은 자신이 이 모임을 통해 얻으려는 것이 바로 지금 회사가 어떤 상황에 놓여 있는지를 깊고 넓게 파악하는 것임을 잘 알고 있었다. 또한 그러기 위해서는 그녀와 그러한 정보 사이에 위치한 마이크 같은 사람이 좀 더 경각심을 갖도록 일깨워야 한다는 사실을 간파하고 있었던 것이다.

궤도를 유지하는 법

새로운 비즈니스 상대를 만날 때는 내가 원하는 것이 무엇인지 끊임없이 상기하면서 궤도를 유지해야 한다. 당신이 원하는 결과가 무엇인지 상세하게 알려주고, 긍정적인 자세로 임하라. 처음 90초 동안은 물론이고, 그 이후에도 자신의 'KFC'를 항상 염두에 두어야 한다.

지금부터는 궤도를 유지하는 법을 연습해보자. 한 명은 A이고, 다른 한 명은 B라고 하자. A가 B에게 묻는다. "당신은 무슨 일을 합니까?" 이때 B의 임무는 가능한 한 빨리 주제에서 벗어나는 것이다. A가 할 일은 이런 상황을 재빨리 알아채고, B가 했던 말로 B의 말을 가로막으면서 대화를 다시 제 궤도로 돌아오게 하는 일이다. 예를 들면 이런 식이다.

    A: "무슨 일을 하시죠?"
    B: "사진과 관련된 장비를 판매하고 있습니다. 어려서부터 멀리 있는 풍경 바라보는 것을 좋아했거든요. 그리고……."
    A: "풍경 너무 좋지요. 그런데 구체적으로 어떤 일인가요?"

이 연습을 3분간 한 다음 역할을 바꾼다. 내용을 서로 뻔히 알아도 상관없다. 이 연습의 핵심은 이야기가 주제에서 벗어나지 않도록 서로가 깨닫게 하는 데 있다. TV 인터뷰에서도 진행자나 게스트가 쓸데없이 장황하게 이야기를 늘어놓으면 결과는 뻔하다. 흥미와 공감이 사라지면 관계도 무너지게 되어 있다.

35

가장 **먼저 생각**나는 **사람**이 되라

　　기업들은 회사와 제품의 인지도를 끌어올리기 위해 매년 광고와 홍보에 엄청난 돈을 쏟아붓는다. 당신에게 그만한 돈이 없다고? 낙담할 필요는 없다. 고객들의 마음속에 자리 잡을 수 있는 방법은 얼마든지 있기 때문이다.

　　우리는 지금까지 좋은 첫인상을 남기고, 신뢰 관계를 형성하고, 아이디어를 교환하는 방법에 대해 알아보았다. 그런데 그렇게 애를 쓴다 해도 의사 결정을 하는 그야말로 결정적인 순간에 고객이 당신을 기억하지 못한다면 그런 노력들이 다 무슨 소용이겠는가?

　　가장 절실한 때에 가장 필요한 사람이 되는 것은 단지 운이 좋아서가 아니다. 이는 당신이 상대방의 기억 속에 얼마만큼 각인되어 있느냐와 관계 있는 문제다. 만일 어떤 사람과의 관계를 90일 동안 아무런 연락도 없이 방치해둔다면, 당신은 자신도 모르는 사이에 역사 속의 인물로 간주되고 말 것이다. 그에 반해 서로 도움이 되는 만남을 적절하게 지속한다면, 당신은 무슨 일이 생길 때마다 상대방이 가장 먼저 떠올리는 사람이 될 수 있다. 관계를 유지할 것인지 여부는 당신에게 달려 있다. 가령 지속적으로 연락하면서 당신이 무엇을 제공할 수 있는지, 그들의 삶을 어떤 식으로 안락하게 만들 수 있는지 인식시키는 식으로 말이다.

2008년, 샌디에이고에서 열린 한 행사에서 나는 수천 명에 이르는 부동산 중개업자들과 담소를 나눈 적이 있다. 그런데 놀라운 것은 대부분의 중개업자들이 거래를 하고 난 뒤 사후 관리에는 많은 시간을 투자하지 않는다는 것이다. 한 조사에 따르면 집을 사고판 사람들 가운데 75%가 중개업자에게 만족했고, 향후에도 같은 중개업소를 이용할 의사가 있다고 응답했다. 그러나 실제로는 그들 가운데 단 15%만이 다시 그 중개업자를 찾았다고 한다.

> 가장 절실한 때에 가장 필요한 사람이 되는 것은 단지 운이 좋아서가 아니다. 이는 당신이 상대방의 기억 속에 얼마만큼 각인되어 있느냐와 관계 있는 문제다.

행사 전날 밤, 나는 업계 최고의 실적을 올리고 있는 국제 부동산 중개업자를 만났다. 그는 누가 봐도 성공한 중개업자였다. 한동안 농담하듯 이런저런 얘기를 나누다가 그는 자신의 비밀을 하나 털어놓았다.

"어떤 점에서 다른 중개업자들과 차별화하신 거죠?" 내가 물었다.

"진짜 별것 없어요. 열심히 일하고, 해야 할 숙제를 하는 것뿐이죠." 그때 그의 눈이 빛나기 시작했다.

"그런데, 한 가지 생각나는 것이 있기는 한데." 씩 웃으면서 그가 말했다. 나는 눈썹을 추어올렸다.

"그게 뭔가요?" 그가 와인을 마시는 동안 나는 잠시 기다렸다.

"고객 중에 '티파니'에 다니는 분이 있었어요. 그분 덕을 좀 봤죠." 나는 아주 흥미로워하며 다음 얘기를 기다렸다.

"제 고객들은 새집으로 이사한 지 몇 주 뒤에 택배 하나를 받게 되지요. 작은 선물 상자 안에는 고객의 이름과 새 주소, 그리고 집을 산 날짜가 새겨진 은銀으로 된 열쇠가 들어 있어요. 제가 쓴 간단한 감사 카드와 함께 말이죠. 카드 말고는 그 어디에도 제 이름이라든가 비즈니스와 관련된 언급은 없어요."

이렇게 고상하고 세련된 접근법이 있을까? 그 고객은 자신이 어떻게 그 선물을 받게 되었는지를 기회가 있을 때마다 얘기할 것이고, 이 부동산 중개업자는 그의 마음속에 늘 생생하게 각인되어 있을 것이다. 그는 그로 인해 세계적인 브랜드와 인연을 맺었을 뿐 아니라, 이 간단한 선물 하나가 장난감 병정처럼 이곳저곳을 돌아다니며 그를 대신해 홍보를 하도록 만들었다.

> 선물을 하는 것만이 고객과 관계를 유지하는 유일한 방법은 아니다. 흥미로운 인터넷 사이트의 주소를 알려주거나, 필요한 사람이나 서비스를 소개해주는 것도 관계를 지속하는 좋은 방법이다.

물론 누구나 선물을 사야 한다는 것은 아니다. 살 수 있다 하더라도 경우에 따라서는 이런 선물이 적절치 않을 수도 있다. 그렇다 해도 고객의 마음속에 자리 잡을 수 있는 방법은 수없이 많다. 가령 고객의 일에 도움이 되거나 고객이 관심을 가질 만한 인터넷 사이트 주소나 잡지 기사를 스크랩하여 보내줄 수도 있고, 도움이 될 만한 사람을 소개해주는 방법도 있다. 고객이 필요로 하는 새로운 자원, 이를테면 음식점이나 사진작가, 건축가 등에 대한 정보를 제공해주는 것이다. 이제 당신의 상상력을 불러올 차례다.

36 감정의 흐름을 만들어라

당신이 지금 생산 정보 시스템을 간소화하고 개선할 수 있는 아이디어를 갖고 있다고 하자. 새로운 시스템을 채택하려면 상사를 설득해야 한다. 문제는 어떤 식으로 해야 격무에 지친 상사가 이 아이디어에 흥미를 갖도록 만들 수 있는가 하는 점이다. 어떤 감정 상태에 있는 사람을 완전히 다른 감정 상태로 바꾸는 것은 상당히 어려운 일이다. 예를 들어, 어떤 일에 무관심한 사람("나 바빠. 지금 할 일이 얼마나 많은지 알아? 다음에 보자고")을 일거에 관심 있는 상태("그거 참 좋은 생각인데, 한번 해보자고")로 만들기는 쉽지 않다는 것이다.

신경 언어 프로그래밍의 대가 리처드 밴들러 박사와 존 그라인더 박사는 설득력이 뛰어난 사람들의 행동 방식에 대해 연구한 바 있다. 연구를 통해 그들은 설득력이 뛰어난 사람들이 어떤 행동을 하는지는 물론이고, 그 행동의 방식에 대해서도 알아냈다. 즉 남을 설득하는 재주가 있는 사람들은 알게 모르게 서너 개의 감정 상태를 서로 연결해 자기가 원하는 결과를 얻어낸다는 것이다.

달리 말하자면 A상태(무관심)에서 D상태(열정)로 바로 옮겨가는 게 아니라, A상태에서 B, C를 거쳐 D상태로 가는 식이다. 무관심을 열정적인 상태로 곧바로 바꾸려고 애쓰기보다는 열정을 불러일으키기 전에 호기심을 갖고 마음을 열도록 먼저 유도하는 것이다. 이것을 '감정 이어가기linking states'라고 하는데, 다른 사람을 당신이나 당신의 아이디어와 감정적으로 연결하는 아주 강력한 방법이다.

> 남을 설득하는 재주가 있는 사람들은 알게 모르게 서너 개의 감정 상태를 서로 연결해 자기가 원하는 결과를 이끌어낸다.

일단 어떤 감정 상태로 바꿀지를 결정했다면, 다음에 할 일은 사슬의 첫 번째 고리에 연결되도록 하는 것이다. 이때 당신의 마음과 말과 행동이 일치되어 있지 않다면 다른 사람을 설득할 수 없다. 만일 호기심의 상태에 맞추려고 한다면 당신의 보디랭귀지, 목소리 톤, 사용하는 단어도 여기에 맞게 통일해야 이러한 감정 상태가 상대방에게도 전염된다.

호기심에서 시작해 열린 마음으로, 그리고 열정적인 감정 상태로 바꾸는 연습을 10초 간격으로 계속해서 되풀이해보자. 앞에서 사무실 주위를 때로는 캥거루처럼 때로는 퓨마처럼 돌아다녀 보라고 한 것도, 때로는 승자처럼 때로는 패자처럼 다녀보라고 한 이유도 다 여기에 있다. 이런 연습을 하다 보면 태도나 행동을 절제하고 유연하게 처신할 수 있기 때문에, 나 자신뿐만 아니라 다른 사람의 감정도 이끌어내거나 연결할 수 있게 된다.

또한 전체 메시지에서 단어가 차지하는 비중이 7%에 불과하다고는 하지만 그럼에도 어떤 단어를 사용할 것인지는 조심스럽게 선택해야 한다. 감각적으로 풍부한 언어, 그림을 그리는 듯한 시각적인 표현, 그리고 상상의 힘은 얼마나 큰 가치와 영향력을 지니고 있는가. 이제 감정이 풍부한 단어들을 사용해서 대화를 성공적으로 이끌어나갈 일만 남았다. 어떤 감정 상태를 선택하면 거기에 딱 맞는 단어가 떠오를 것이다.

자, 이제 어떻게 하면 자신의 아이디어가 다른 사람에게 전이되도록 할 수 있는지 다음에 나오는 조안나의 사례를 주의 깊게 살펴보도록 하자. 조안나는 상사인 맥스가 기차로 통근한다는 사실을 알고 있었고, 또 대화를 시작하는 가장 좋은 방법이 질문이라는 것도 알고 있었다. 맥스는 지금 자기 자리에 앉아 있다.

"맥스, 오늘 아침에도 기차 타고 출근하셨나요?"

"네, 그럼요."

"혹시 기차를 운전하는 사람을 본 적 있으세요? 전 한 번도 없거든요. 근데 오늘 아침에 운전을 하고 오면서 휙휙 지나가는 차와 빌딩과 사람들을 보고 있자니 문득 이런 생각이 드는 거예요. 이 많은 사람들이 어떻게 매일 아침 자신의 생명을 생면부지의 남에게 내맡길 수 있는 걸까 하고요. 우리 모두 그러고 살잖아요. 생판 모르는 타인이 나를 안전하게 출근시켜줄 것이라고 믿고, 우리 아이들을 잘 돌봐줄 것이라고 믿고, 우리에게 안전한 음식을 만들어줄 것이라고 믿고…….

하지만 분명히 그럴 만한 가치가 있겠죠? 다른 사람을 믿으면 우리 생활에 무한한 기회가 열리니까요. 이국적인 식당에서 새로운 음식을 먹어보기도 하고, 비행기를 타고 하늘을 날아 태양이 쏟아지는 섬나라로 가기도 하고, 가족과 롤러코스터를 타기도 하고……. 그런 믿음 덕분에 수없이 많은 일들을 할 수 있는 거니까요.

모든 일에는 수많은 가능성이 내포되어 있어요. 우리가 하는 일도 마찬가지죠. 제가 지금 말씀드리려는 것도 이 가능성에 관한 얘기에요. 똘똘한 인턴사원을 몇 명 뽑아서 힘든 일을 분담시키면 사원들이 좀 더 내실 있는 일을 할 수 있지 않을까요? 그러면 새로운 사업을 구상하는 데도 좀 더 많은 시간을 할애할 수 있을 거고요. 생각해보세요. 앞으로 6개월 후면…….”

여기서 내가 제시한 것은 조안나가 한 말뿐이다. 그녀의 보디랭귀지나 얼굴 표정, 목소리 톤, 크기, 억양, 감정 상태 같은 것은 따로 설명하지 않았다. 그럼에도 불구하고 우리는 조안나가 일단 스스로 감정을 잡더니 진심에서 우러나오는 말을 했고, 그것이 자연스럽게 상사의 감정에 영향을 끼쳤으리라는 사실을 짐작할 수 있다. 그녀는 그 모든 것을 단번에 “생각해보세요. 앞으로 6개월 후면……"과 같은 본론에 끌어다 붙이지 않았다. 설득력 있게 하나의 감정 상태에서 다른 감정 상태로 옮겨갔으며, 인과 관계가 분명한 이익을 제시했다. 상사의 상상력

> **훌륭한 커뮤니케이션은 모두 사람의 감정을 움직이는 몇 가지 단어로 요약할 수 있다. 주목, 관심, 욕망, 행동이 그것이다.**

을 확실하게 끌어내 자신의 생각대로 움직이게 한 것이다. 여기에 걸린 시간은 90초도 안 된다. 이것이 바로 훌륭한 커뮤니케이션의 비결이다.

마틴 루서 킹이나 윈스턴 처칠, 프랭클린 루스벨트, 존 F. 케네디와 넬슨 만델라처럼 말로써 나라 전체를 움직인 사람들의 연설을 찾아서 들어보자. 그들이 청중의 감정 상태를 어떻게 이끌어서 행동으로 옮기게 했는지를 살펴보라. 아마도 처칠이 무엇인가에 감동을 했다면 당신도 그렇게 느낄 것이고, 처칠이 화난 목소리로 말하면 당신 또한 그 기분을 느낄 것이다. 마틴 루서 킹 목사가 "산 꼭대기에 올라가 봤습니다"라고 말하면 당신도 그와 함께 산에 올라간 듯한 느낌이 들 것이다.

누군가 당신의 아이디어에 관심을 갖게 만들고 싶다면, 어떤 감정 상태를 이어주어야 그 사람이(고객이든 상사든 청중이든 상관없이) 관심을 가질 것인지를 먼저 생각해야 한다. 기대하는 결과가 서로에게 '윈-윈'이 되는 상황이어야 한다. 그렇지 않으면 반대에 부딪히게 된다.

다시 조안나로 돌아가면, 그녀는 상사와의 대화를 몇 가지 '확실한 사실'에 근거해 질문의 형태로 시작했다. 여기서 확실한 사실이란 상사가 진실이라고 생각하고 있는 것을 말한다. 즉 조안나의 상사가 기차를 타고 출근하고, 기차를 누가 운전하는지 모른다는 사실은 명백한 것이다. 이렇게 확실한 사실은 그 사람의 관심을 끌고, 즉각적인 동의를 얻어낼 수 있다는 점에서 효과가 있다.

감정 상태를 잇는 것은 일상생활에서 얼마든지 연습할 수 있다. 데이트를 할 때나 회의나 모임에서, 피자를 주문하거나 도서관에서 책을 빌릴 때나 언제든지 연습해보자. 언뜻 이상하고 부자연스러운 일처럼 느껴질 수도 있겠지만 생각보다 훨씬 간단하다. 어느 정도는 당신도 이미 그런 경험을 해보았기 때문이다. 타고난 능력을 좀 더 향상시키기만 하면 된다.

감정 상태를 이어주는 일을 제2의 천성으로 습관화하는 데는 오랜 시간이 걸리지 않는다. 이 기술을 어떻게 사용할지는 전적으로 당신에게 달려 있다. 다만 얼마나 편안한 상태에서 상상력을 발휘할 수 있느냐가 관건이다. 내가 할 수 있는 일은 이러한 설득적인 접근법이 어떤 식으로 구성되는지를 보여주는 것뿐이다.

감정 상태 이어가기 훈련

다른 사람의 감정 상태를 조절하기 위한 연습으로 제스처 게임을 해보자. 서너 명이 함께하면 가장 좋다. 각자 종이 위에다 다른 사람에게 불러일으키고 싶은 감정 상태 세 가지를 적는다. 호기심, 흥분, 슬픔, 혼란스러움, 즐거움, 자신감, 자유, 안전함, 모험심, 외로움……. 뭐든 괜찮다. 그 종이를 접어서 통에 넣고 잘 섞는다.

그리고 통에서 종이를 뽑은 다음, 30초 안에 다른 사람에게서 그 종이에 적힌 감정을 끌어내는 것이다. 직접 그 상태를 언급하지만 않는다면 이야기를 해도 좋고 비유를 들어도 괜찮다. 보디랭귀지나 목소리 톤을 활용해도 상관없다.

예를 들어 '호기심'을 뽑았다면 이런 식으로 얘기할 수 있다. "내가 오늘 여기 오면서 뭘 봤는지 말하면 아마 깜짝 놀랄걸? 최대한 빨리 주차를 하고 나가봤는데, 그게 벌써 사라진 거야. 그러다 다시 나타났는데 이번에는……." 30초가 지나면 다른 사람들은 자신이 어떤 감정을 느꼈는지 말한다. 만일 모두에게서 호기심이란 단어가 나오지 않는다면 그 상태를 어떻게 해석했는지 말해달라고 한다.

한 번씩 돌아가면서 한 다음에는 두 개의 감정 상태를 선택한 뒤 60초 안에 두 감정 상태를 차례로 이끌어내도록 한다. 다음에는 세 개의 감정 상태를 90초 안에 이끌어내는 연습을 한다.

37 듣는 사람의 마음을 사로잡을 미끼

지금부터는 일상적인 비즈니스 상황에서 알아두어야 할 내용을 자세히 살펴보도록 하자. 일자리를 구하는 것에서부터 업무상의 전화통화를 하는 것까지, 모든 사회적 상황에서 당신의 잠재력을 극대화할 수 있는 방안을 찾아볼 것이다. 이때도 언제든지 감정 상태를 연결하는 방법을 염두에 두고 있어야 한다. 그래야 어떤 상황에서든 당신이 원하는 바를 얻을 수 있다.

예를 들어 현재 하고 있는 일에서 이직을 생각하고 있다고 하자. 다음 일자리를 어떤 식으로 찾을 것인가? 미국의 방송사 MSNBC에 따르면, 구인 광고를 통해 일자리를 찾는 사람은 성공률이 5%에 그치지만, 네트워크에 투자한 사람은 성공 확률이 66%로 껑충 뛴다고 한다. 〈월스트리트 저널〉에 의하면, 90%가 넘는 사람들이 네트워크를 통해 새로운 일자리를 찾는다고 한다. 회사의 인사 담당자도 새로운 직원을 뽑을 때 네트워크를 활용하는 것을 압도적으로 선호한다. 한 연구 결과에 따르면, 거의 절반 이상의 기업이 직원의 25%를 회사 안팎의 네트워크를 이용해 뽑는다고 한다. 돈을 주고 광고를 하거나 리쿠르팅 회사에 의뢰하기 전에 말이다.

그렇다면 이런 상황을 어떻게 활용하면 좋을까? 내 오랜 친구인 알프레드의 사례를 참조해보자. 알프레드는 한 저축은행의 부지점장이었는데, 회사가 매각되면서 일자리를 잃게 되었다. 하지만 그는 사람들과 관계를 맺는 재능은 잃지 않았고, 그들을 어떻게 활용해야 하는지 잘 알고 있었다. 그는 일자리를 찾는 데 도움이 될 만한 134명의 명단을 작성했다. 그중 37명을 직접 만났고, 그 가운데 세 곳에서 일자리 제안을 받았다. 모두 알프레드가 네트워크를 활용하는 법을 알았기 때문에 가능한 일이었다.

알프레드의 계획은 2단계로 이루어져 있었다. 1단계는 가능하면 직접 만나는 것이고, 2단계는 그가 만나는 사람들에게서 두 개의 연락처를 얻어낸다는 것이었다. 그는 자신이 직접 아는 사람에게 전화해서 이렇게 말했다. "저는 지금 일자리를 찾고 있습니다. 일자리를 마련해달라는 부탁은 아니고요. 제가 연락해볼 만한 사람을 두 명 정도만 소개해주실 수 있을까요? 아시다시피 저는…….(이 부분에서 알프레드는 10초짜리 광고와 함께 자신의 능력을 슬쩍 언급했다.) 소개만 해달라는 것이지, 신원 보증인이 되어달라는 얘기는 아닙니다. 제가 부탁드리고 싶은 것은 그 정도입니다."

> 취업을 위한 인터뷰는 당신을 주제로 프레젠테이션하는 것이다. 듣는 사람의 마음을 사로잡을 미끼와 요점이 필요하다.

그리고 소개를 받은 사람에게는 전화를 걸어 이렇게 말했다. "아침도 좋고, 점심도 좋고, 저녁도 좋고, 한밤중에 커피를 마시는 것도 괜찮습니다. 직접 만나 뵐 수 있다면 언제든지 시간을 맞추겠습니다." 이 전화의 목적은 상대로부터 "네, 당신을 만나겠습니다"라는 대답을 듣는 것이다.

알프레드가 한 일은 자신을 드러내는 것이었다. 전화를 하고 사람을 만나는 것은 자신을 내보이는 기회를 만드는 것이다. 단지 사람을 소개해달라는 것이므로, 전화를 받은 사람도 직접 그에게 일자리를 찾아주어야 한다는 부담은 느끼지 않았을 것이다. 얼마 후 알프레드는 멋지게 컴백했다. 국가가 운영하는 한 지방 은행의 은행장이 된 것이다. 그는 여전히 새로운 인연을 만들고 있다.

취업을 위한 인터뷰는 당신을 주제로 프레젠테이션을 하는 것이다. 여느 프레젠테이션처럼 듣는 사람의 마음을 사로잡을 미끼와 요점이 필요하며, 시작하는 말과 끝마치는 말이 있어야 한다.

앞에서 설명한 10초짜리 광고를 기억하는가? 광고를 할 때는 그 광고를 듣게 될 대상에 초점을 맞추어야 한다. 대체로 광고 전문가들은 인구 통계를 고려해서 광고할 대상을 정한다. 예를 들자면 '18세에서 34세까지의 여성' 같은 식으로 말이다. 취업을 목표로 하는 당신도 이에 준하여 면접관, 다시 말해 오전 9시에서 오후 6시까지 근무하는 회사원을 대상으로 삼아야 한다. 그러나 인터뷰를 하러 가기 전에 10초짜리 광고를 그저 고객에 맞춰 바꾸는 것만으로는 부족하다.

먼저 공부를 해야 한다. 그 회사에 관해(가능하다면 면접관에 대해서도) 알아낼 수 있는 것은 모두 알아내야 한다. 그 회사의 이름을 인터넷에 검색해서 얻을 수 있는 정보는 다 얻어내고 필요하다면 온라인 기업 정보 서비스도 활용한다.(돈이 들더라도 그럴 만한 가치가 있다.) 또 그 회사의 거래처 사람에게, 할 수만 있다면 그 회사에서 일하는 사람에게도 전화를 해본다. 모든 게 여의치 않으면 면접 당일에 회사 안내데스크 직원에게라도 몇 가지를 물어보라.

오래된 격언 중에 "아는 것이 힘이다"라는 말이 있다. 하지만 이 말은 진실이 아니다. 아는 것은 잠재되어 있는 힘일 뿐, 당신이 사용하기 전에는 아무런 가치도 없기 때문이다. 알아낸 그 모든 정보를 이용해서 당신을 그 회사와 연결지을 수 있는 10초짜리 광고를 만들어라. 당신의 경험과 기술과 능력을 보여줌으로써, 그들이 찾는 그 일의 적임자가 바로 당신이 되게 만들어야 한다. 여기서 중요한 것은 편안한 방식으로 표현해야 한다는 것이다. 거짓말은 통하지 않는다. 모든 내용은 진실해야 하며, 감정을 실어 전달해야 한다.

> **❝** 그저 정보를 입수하는 데서 그쳐서는 안 된다. 배운 것을 활용해야 한다. **❞**

구직 면접 직후가 중요하다

언제나, 반드시, 무슨 일이 있어도 면접을 본 뒤에는 후속 조치를 취해야 한다. 때로는 이것이 결정타가 될 수도 있다. 후속 조치는 24시간 안에, 상대방의 시간을 30초 이상 빼앗지 않는 범위 내에서 해야 한다. 이를 위해 쪽지나 이메일을 보낼 수도 있고, 음성 메시지를 남길 수도 있다.

내가 권하고 싶은 방법은 근무 시간이 지난 후에 음성 메시지를 남기는 것이다. 이렇게 하면 상대방의 일을 방해하지 않으면서도, 당신이 진심으로 그 일에 관심이 있다는 사실을 보여줄 수 있기 때문이다. 이때 목소리 톤이나 단어의 선택도 중요하다.

전화를 하기 전에 태도를 조절하고, 준비가 되었으면 주저하지 말고 움직이자. 열정적이면서도 정중함이 배어나는 태도가 적절하다. 먼저 면접의 기회를 줘서 고맙다는 인사를 하고, 그 일에 대한 열정을 표현하라. 10초짜리 광고를 염두에 두고, 면접을 할 때 보여줬던 긍정적인 면을 다시 한 번 강조하라. 만약 글로 써서 보내기로 했다면, 문법이나 맞춤법이 정확한지도 확인해야 한다.

어떤 형태가 됐든 메시지를 상황에 맞게 조절하고 가다듬어서 상대방에게 강한 인상을 심어주는 것이 중요하다.

38 비즈니스를 할 때 가장 **어려운 90초**

전화는 사람과 사람을 연결해주는 아주 훌륭한 수단이다. 전화를 할 때는 기본적으로 당신이 상대와 좋은 관계를 만들려 한다는 사실을 명심하고 있어야만 한다. 전화 통화를 할 때는 상대의 마음을 읽을 수 있는 보디랭귀지가 없다. 상대방이 무슨 생각을 하는지, 어떤 느낌을 받고 있는지 알 수 있는 유일한 단서는 그가 사용하는 단어나 말투뿐이다. 그것은 상대방 쪽도 마찬가지다.

전화를 할 때는 목소리나 자신을 표현하는 방식에 한층 더 주의를 기울여야 한다. 걱정하거나 불안해하면 그 긴장감이 당신의 목소리를 통해 고스란히 전달되기 때문에, 상대방도 똑같이 느끼게 된다는 사실을 기억하자. 그러므로 상대방을 배려한다면 전화를 하기 전에 먼저 태도를 조절할 필요가 있다.

이쯤에서 데니스와 빌의 전화 통화를 들어보자. 두 사람은 같은 회사의 다른 부서에서 근무하고 있다. 이들은 서로에 대해 잘 모르는 사이였는데, 이 전화 통화로 인해 상황이 어떻게 바뀌게 되는지를 눈여겨보자.

"안녕하세요. 빌. 저는 애플리케이션 개발부의 데니스입니다." 데니스의 목소리는 잔뜩 긴장해 있었고, 수화기를 통해 쉴 새 없이 말을 쏟아냈다.

"네, 제가 빌입니다." 빌은 데니스가 잘 알아듣길 바라며 찬찬히 말했다.

"제가 왜 이런 일을 하고 있는지 모르겠는데요. 다른 사람들이 모두 휴가를 가는 바람에……. 저도 휴가를 가야 하는데……. 어쨌든, 우리 부서에서 우리 회사 사이트에서도 벨 소리를 팔아 수익을 올리자는 의견이 나와서 그 일을 해줄 사람을 찾아냤거든요. 법무부서에서는 동의만 해주시면 됩니다. 판매부의 크리스틴에게도 이런 일을 추진 중이라는 얘기를 해줘야 거기서 사장님한테 보고를 할 수 있을 테니까, 내일까지 부탁드릴게요." 데니스는 숨 한 번 쉬지 않고 이 모든 이야기들을 토해냈다. 느긋해지기는커녕 점점 더 긴장이 고조되는 목소리였다.

"지금 농담하십니까? 이제 얘기하면서 내일까지 뭘 어떻게 해달라고요? 크리스마스 전에 끝내야 할 일이 얼마나 많은 줄 알기나 해요? 이런 일에는 실사實査가 필요하고……." 빌은 이런 식으로 대답하면 안 된다는 사실을 알고 있었지만, 자신도 모르게 볼멘소

> 전화를 할 때는 목소리나 말하는 속도가 말의 내용만큼이나 중요하다.

리가 터져나왔다.

"그런 변명은 정말 지긋지긋합니다." 데니스가 소리치듯 말했다. "우리는 그 일을 빨리 끝마쳐야 하는데, 다들 못한다고 이유만 둘러대고 있으니……. 이런 일은 못한다고 뒤로 빼면서, 당신들이 네덜란드와 그 형편없는 일을 벌이느라고 우리한테 얼마나 많은 일을 떠넘기고 있는지 알아요? 쓸데없는 일은 서두르면서 일다운 일 좀 하자고 하면 그렇게 한발 빼나요?" 데니스는 대답을 들으려 하지도 않았다. 자기 말이 끝나기가 무섭게 수화기를 쾅 내려놓았다.

빌은 한쪽 귀가 얼얼했다. 이런 전화는 다시는 받고 싶지 않았다.

당신에게도 익숙한 상황인가? 사실 이렇게까지 될 일이 아니었다. 데니스가 수화기를 들기 전에 심호흡만 몇 번 했더라도 훨씬 더 생산적인 대화가 될 수 있었을 것이다. 빌은 데니스를 볼 수 없기 때문에 상상을 할 수밖에 없다. 바로 이럴 때 비유나 감각적으로 풍부한 언어가 필요한 것이다. 데니스와 빌의 대화가 이런 식으로 흘러갔다면 어땠을까?

"안녕하세요. 빌. 저는 데니스 에번스입니다. 위층에서 일하고 있죠. 다름이 아니라, 공상가와 행동가가 함께 나설 일이 생겨서 연락드렸습니다."

"그렇군요. 무슨 일이신데요?"

"판매부의 크리스틴 버긴에게 작은 크리스마스 선물을 하나 줄까 해서요."

"아, 그래요?"

"선물 포장하는 걸 좀 도와주셨으면 하는데요."

"그래야지요. 뭔지 말씀해보세요."

첫 번째 예에서 데니스는 자신이 원하는 게 무엇인지 잊어버렸다. 분통을 터뜨리느라 제대로 된 커뮤니케이션은 해보지도 못한 것이다. 그에 비해 두 번째 예에서는 비유를 써가며 재미있게 얘기를 이어갔다. 애플리케이션 개발부는 공상가로, 법무부는 행동가로, 동의서는 크리스마스 선물로 표현하면서 말이다. 부드럽고 유쾌하며 효과적인 접근이었다. 전화에 능한 사람은 상대방의 시간을 낭비하지도 않지만, 일을 서두르느라 다그치지도 않는다. 그래야 그 안에서 길을 찾을 수 있기 때문이다.

비즈니스에서 가장 어려운 90초가 있다면 그것은 언제일까? 아마 전혀 알지 못하는 사람에게 전화를 걸어 뭔가를 권유하는, 다시 말해 전화 세일즈를 하는 1분 30초일 것이다. 그렇다고 피할 수는 없는 일이다. 언젠가 멀둔은 내게 이런 말을 한 적이 있다. 경쟁자보다 전화를 3배 더 많이 하는 사람은 4배 더 성공할 수 있다고 말이다.

유능한 세일즈맨들은 네트워크를 통해 관계를 형성하는 것이 얼마나 중요한지 잘 알고 있다. 고객과의 관계를 유지하고, 회사나 단체와 부지런히 인연을 맺고, 만족한 고객들이 다시 다른 고객을 소개를 해주거나 사람들에게 입소문을 퍼뜨리고……. 이런 것들이 모여 굉장히 큰 힘이 된다. 그들은 판매실적을 높이기 위해서는 반드시 새로운 고객이 필요하다는 사실을 잘 알고 있다. 새로운 고객을 만든다는 것은 곧 새로운 연결을 만들어야 한다는 말과 다르지 않다.

얼마 전 회사를 설립한 웬디 콜러는 TV 토크쇼 프로그램을 만들었다. 8개의 주요 스폰서와 이미 계약을 마쳤고, 각계각층의 최고 게스트들과 계약을 맺었다. 그리고 쇼를 방영할 TV 방송국도 정해졌다. 그런데 웬디 콜러는 이 모든 일을 전화를 통해 깔끔하게 해결했다고 한다. 단 한 사람을 제외하고는 모두 전혀 모르는 사람들이었는데, 어떻게 이런 일이 가능했을까?

그녀도 앞서 소개한 은행장 알프레드와 같은 방식으로 차분하게 접근했다. 우선 처음 전화를 해서는 소개만 부탁했다. 다른 사람의 연락처를 물어보면서 자신이 가진 아이디어와 능력에 대해 슬쩍 이야기를 흘리는 방식으로 말이다. 당장 무언가를 팔려고 하지 않았기 때문에 상대방도 부담 없이 부탁을 받아들였고, 그러면서 이야기가 점점 퍼져나갔다.

그러다가 가능성이 있는 스폰서나 게스트에게 전화를 걸기 시작하면서부터는 좀 더 강도를 높여 자신을 소개했고, 현재 구상하고 있는 프로젝트에 관한 얘기를 본격적으로 꺼냈다. 마침내 계약을 고려하는 중요한 단계에 이르렀을 때는 굳이 강요하지 않아도 상대방쪽에서 더 계약이 성사되기를 원하게 되었다. 이쪽에서 전화를 걸기도 전에 이미 충분한 공감대가 형성되어 있었기 때문이다.

이런 방법은 사무실에서도 통한다. 새로운 프로젝트를 시작하려는 중인가? 먼저 동료에게 이 일에 도움을 줄 만한 사람이 누가 있는지 물어보라. 이 프로젝트가 성공했을 때 누가 이익을 얻을 수 있을지를 생각해보라. 마음을 가라앉히고 차분하게 접근하다 보면 당신을 도와줄 만한 사람들이 오히려 더 적극적으로 나설 수도 있다.

속임수

'~했습니까?', '~입니까?', '~한 적 있습니까?'와 같이 "예/아니오"로 대답할 만한 질문을 하는 경우, 상대방의 반응에 어떤 식으로 영향을 미칠 수 있을까? 한 가지 요령이 있는데, 이는 어떤 상황에서든 적용할 수 있다. 질문을 할 때 당신이 원하는 대답을 질문에 얹어서 전달하는 방식이다. 동조하고 따라 하는 인간의 본성 때문에 이런 방법은 어디서나 대부분 통한다.

가령 당신이 지금 비행기를 타고 있다고 하자. 승무원이 비행기 안을 돌아다니면서 승객들에게 제공한 음식을 치우느라 바쁘게 움직이고 있다. 승무원들은 "더 필요한 것 없으세요?" 하고 물으면서도 실제로는 더 이상 커피나 와인을 주문할 수 없게 만든다.

어떻게 그것이 가능한 걸까? 승무원들은 그런 질문을 던지면서, 사실은 알게 모르게 "아니오"라고 말할 때처럼 고개를 가로젓기 때문이다. 당신도 한번 실험해보라. "다음 회의 일정을 잡을까요?"라고 물으면서 고개를 살짝 가로젓는 것이다. 이럴 경우, 부정적인 대답이 나올 가능성이 매우 높다. 반대로 고개를 살짝 끄덕인다면, 상대방이 "예"라고 대답할 확률이 아주 높아진다.

39 사람들의 상상력을 끌어오는 방법

내 고객 가운데 한 사람은 정보 기술 및 영업 부서 사원들에게 기회가 있을 때마다 그들의 새로운 프로세싱 시스템에 대해 '전파하도록' 지시했다. 그런데 문제는 새로운 시스템의 이점을 아무도 간단한 말로 설명하지 못한다는 것이었다. 주어진 10분 동안 그들은 각자 온갖 전문 용어를 쏟아내며 이 시스템이 어떻게 운용되는지 설명했다. 하지만 아무도, 심지어는 그 회사 사장까지도 '사람들에게 전파할 수 있는' 적절한 용어를 찾아내지 못했다. 이 문제를 해결하기 위해 나는 스승인 멀둔이 전수해준 'I-KOLA' 기술을 그 시스템에 적용해봤다.

I-KOLA란 멀둔이 'is kind of like a'의 초성을 따서 만든 말이다. 예를 한번 들어볼까? '새로운 관찰 시스템은 야자수와 같다. 이것은 우리로 하여금…….' '마리는 교통 체증 문제를 큰 칼로 고기를 자르듯이 다룬다.' 이러한 표현은 복잡한 정의를 간단한 그림으로 보여주는 방법이다. 이는 몇 장에 걸친 데이터보다 훨씬 기억하

기 쉬운 설명이다. 정보나 수치는 곧 사라지지만, 그림이나 이야기는 평생 갈 수 있기 때문이다.

마침내 회의가 끝나갈 즈음, 우리는 그 시스템에 대한 한 가지 설명 방식에 동의하게 되었다. "GX2(가칭)는 밑면이 유리로 된 배를 타고 고객과 함께 여행하는 것과 같다. 모두가 동시에 시스템이 어떻게 돌아가는지 볼 수 있다."

나의 또 다른 거래처는 건축 설계 회사였는데, 건축가들과 행정 직원들 사이에서 자주 내분이 일어나 분위기가 살벌했다. 건축가들은 행정 직원들을 민폐만 끼치는 성가신 존재로, 행정 직원들은 건축가들을 비협조적인 사람들이라 여겼기 때문에 이들은 공동 작업을 도무지 원만하게 해나갈 수가 없었다.

> 간단한 그림이나 이야기로 보여주면 복잡한 개념을 쉽고 간단하게 떠올릴 수 있다.

우리는 I-KOLA 기술을 이 딜레마에 적용하여 다음과 같은 유추를 이끌어냈다. "ArchiTech(가칭)는 미술 화랑과 같다. 행정 직원은 화랑이 제때 문을 여는지, 별문제 없이 잘 운영되는지 관리하고 각종 비용을 지불하는 일을 맡는다. 건축가는 위대한 예술가이다. 많은 사람들이 그의 작품을 관람하기 위해 찾아오니 말이다."

I-KOLA식 표현이 모두 '이것은 ~와 같은 것이다'라는 형식을 취하는 것은 아니다. 가령 무역 적자에 관한 설명을 해달라는 요청

을 받자 워렌 버핏Warren Buffett은 이렇게 말했다. "우리나라는 거대한 농장을 가진 부유한 가정처럼 행동해왔다. 생산한 것보다 4%를 초과해서 소비하기 위해(이것이 바로 무역 적자에 대한 다른 표현이다) 우리는 날마다 농장 일부를 팔기도 하고, 아직 우리가 소유하고 있는 것을 담보로 대출을 늘려왔다." 훌륭하다. 그는 복잡한 주제를 간단한 이야기로 열 살짜리 꼬마도 이해할 수 있도록 알기 쉽게 설명했다.

I-KOLA 식 표현은 까다로운 개념을 간단하고, 흥미롭고, 기억에 남게 설명해준다. 이것은 문제 해결, 브레인스토밍brainstorming, 확신 주기, 동기 부여, 멘토링, 성격 파악 등에 매우 효과적이다. 게다가 I-KOLA식으로 메시지를 전달하는 데 걸리는 시간은 3초에서 30초밖에 안 된다.

나비처럼 날아서 벌처럼 쏴라

1964년 무함마드 알리Muhammad Ali는 헤비급 챔피언인 소니 리스톤 Sonny Liston을 '덩치 큰 흉측한 곰'이라고 불러 복싱계를 발칵 뒤집어놓았다. 그는 소니 리스톤에게 도전장을 내밀며 "나비처럼 날아서 벌처럼 쏘겠다"고 공언했다.

귀에 쏙 들어오는 그의 말은 은유와 직유의 좋은 예이다. 직유는 '~같은' 또는 '~처럼'이란 단어를 써서 어떤 사물을 다른 대상에 비교하는 방법이다. "운송업자에게 말하는 것은 벽에다 대고 말하는 것과 같다"거나 "당신은 오이처럼 상큼하다"라는 문장에는 모두 직유가 사용되었다. 은유도 거의 같은 방식인데, 비교할 때 '~같은'이나 '~처럼'이라는 단어를 사용하지 않을 뿐이다. "우리는 스스로 길을 개척해나가는 거대한 강이다", 또는 "절이 싫으면 중이 떠나야 한다"는 모두 은유에 해당한다.

간단히 말하자면, 멀둔은 직유와 은유를 한데 합쳐 I-KOLA로 명명한 것이다. 요령만 잘 익히면 '그것은 ~같다'를 뺄 수도 있다. I-KOLA는 효과적인 전달을 위한 한 가지 수단일 뿐이다.

- **직유**

  내 계좌는 밑 빠진 독 같아. / 이 항공관제 시스템은 익히지 않은 소시지처럼 엉성하기 짝이 없군. / 이 에어컨에서는 잠수함에서 나무 찍어대는 것 같은 소리가 나.

  연습 문제:
  나는 _____처럼 전화 세일즈를 한다.
  내 사무실은 마치 _____처럼 _____하다.

- 은유
  내 사무실은 사자 굴이야. / 팀장님은 나의 태양입니다.

  연습 문제:
  내 상사는 화났을 때 _____이다.
  뜨거운 태양은 내 얼굴을 때리는 _____였다.

- 문장 은유
  1단계: 명사를 정한다.(사람이나 장소, 사물 등으로.)-예를 들어 승용차라고 하자.
  2단계: 비교하기 위한 다른 명사를 찾는다.-여기서는 마차를 선택하자.
  3단계: 두 개의 명사를 한 문장에 사용한다.-즉, 내 차는 내 명령에 따라 움직이는 마차다.

  연습 문제:
  1단계, 명사:
  2단계, 비교할 명사:
  3단계, 문장 만들기:

40

'창의적인 내면'에서 나오는 것

얼마 전 새로운 소프트웨어 시스템을 론칭하는 한 회사로부터 기조연설을 맡아달라는 요청을 받은 적이 있다. 나는 시간을 아끼기 위해 전화로 브리핑을 해달라고 했다. 10분쯤 얘기를 나눈 뒤, 나는 그 행사의 기획자가 그저 새로운 시스템의 출시를 사람들에게 알린다는 것 말고는 이번 행사의 주제조차 제대로 정하지 못하고 있다는 사실을 깨달았다.

"좋아요," 내가 말했다. "이렇게 한번 해봅시다. 내가 어떤 말을 던지면 머릿속에서 가장 먼저 떠오르는 것을 말해보세요. 그럼 내가 그 말을 구절로 완성해보도록 할게요. 무엇이든 상관없지만, 맨 처음 떠오른 것이어야 해요. 준비됐죠?"

"네."

"새로운 소프트웨어 시스템은 ○○ 같은 것이다?"

잠깐의 정적이 흐른 후에, "왠지 모르겠는데, 처음 생각난 단어가 기차입니다"라는 대답이 돌아왔다.

"좋아요, 기차에 관해 말해주세요." 나는 좀 더 자세한 이미지를 물어보았다.

"오랫동안 잘못된 방향으로 달려왔어요."

"그리고요?"

"우리는 기차를 멈추게 하고 방향을 돌렸죠. 이제는 어디에 조종장치가 있는지 알게 되었고, 기차도 제 선로에 놓았어요. 누구든지 동승시켜 자리를 안내해주고 기차를 올바른 방향으로 운행할 준비가 된 거죠."

"훌륭해요." 나는 주제가 떠올랐다. "'여러분, 모두 함께 탑시다'와 같은 주제를 이번 론칭 행사에 사용하는 건 어떨까요?"

그것은 단순한 문구였지만, 모두가 같은 생각을 하도록 만들기에 충분했다.

최근에 진행했던 재무 기획자를 위한 워크숍에서 나는 참석자들에게 처음 떠오르는 단어를 이용해 '나는 ○○이다'라는 문장을 완성해보라고 했다. 생생하게 기억에 남을 만한 이미지를 얼마나 쉽게 불러낼 수 있는지를 보여주기 위해서였다. 머릿속에 처음으로 떠오르는 것이면 독수리, 당근, 지하철 같은 것도 상관없다고 했다. 이런 경우 대개 가장 먼저 머리에 떠오르는 것이 최상일 때가 많은데, 그것이 '창의적인 내면'에서 나오는 것이기 때문이다. 이렇게 일단 내면의 창의적인 힘이 깨어나면, 그 이후에는 좀 더 수월하게 이미지를 떠올릴 수 있을 것이다.

문장을 완성한 다음에는 2분 안에 비유를 더 확장해보라고 했다. 사람들은 생각나는 대로 무엇이든 적었고, 결과를 보고는 모두 놀라워하며 즐거워했다.

한 여성은 이렇게 말하기도 했다. "이게 어디서 나왔는지 모르겠네요. '나는 루빅스 큐브Rubik's Cube이다'라고 적었어요." 그녀는 노트를 들고 읽어 내려갔다. "처음에는 퍼즐처럼 다루기가 쉽지 않지만, 방법을 알고 나면 쉽게 풀린다. 나는 생기발랄하며 여러 가지 다른 측면을 갖고 있다."

다음에는 어떤 남성이 말했다. "나는 바다와 같은 사람이다." 그는 밝게 미소를 지었다. "나는 강하고 깊다. 때로는 거칠고, 때로는 조용하다. 나는 사람들을 들었다 놨다 할 수 있는 힘이 있다."

그 다음번에는 또 다른 여성이 읊조리듯 말했다. "나는 꽃이다." "어떤 꽃이요?"라고 묻자, 그녀는 "아무 꽃이나요"라고 대답했다. 나는 이미지가 충분치 않다고 지적했다. 왜냐고? 그녀의 꽃을 내 머릿속에서 상상할 수가 없었기 때문이다. 루빅스 큐브나 바다는 머릿속에 그릴 수 있지만, 그녀의 이미지는 확실하지 않았다. I-KOLA가 제대로 효과를 발휘하려면, 말하는 사람이 떠올리고 있는 것과 같은 그림을 다른 사람도 볼 수 있어야 한다. 그녀는 장미를 그리고 있지만 나는 해바라기를 상상할 수도 있는 것 아닌가.

스토리텔링 연습

어떻게 이야기를 시작할 것인가. 먼저 당신이 전하려는 핵심 내용이 무엇인지 파악하고, 청중에게 들려주고 싶은 메시지를 만드는 것부터 시작하자. 핵심이 뭔지 파악하면, 그 다음에 갈고리hook에 대해 생각할 수 있다. 갈고리는 청중들의 관심을 끌어모아 다음 단계에서는 어떤 일이 벌어질지 궁금하게 만드는 장치이다. 효과적인 갈고리가 될 수 있는 것으로는 질문하기(직접적으로 또는 함축적으로), 특성 소개하기, 딜레마 소개하기, 어떤 일이 벌어질지 예상하기 등이 있다.

가장 감동적인 이야기는 개인적인 경험에서 나온 것들이다. 실제로 있었던 일을 청중의 바로 앞에서 들려주기 때문이다. 사람들은 이야기를 듣는 동시에 당신의 보디랭귀지를 통해 숨어 있는 의미까지 읽어낼 수 있을 것이다.

배우자나 친구, 가족처럼 편안한 상대에게 직장에서 난관을 극복한 사례나 살아오면서 가장 인상적인 순간들에 대한 이야기를 들려주는 연습을 해보자. 이때 '누가', '언제', '어디서'를 포함한 요점과 예상되는 문제점을 앞부분에서 이야기하고, 문제 해결을 위한 노력들을 중간 부분에서 언급한다. 그리고 마지막에 해결책을 제시한다. 그런 뒤 그 경험에서 얻은 것이 무엇인지, 당신이 찾아낸 교훈을 이야기하도록 한다.

41

이야기는 마음으로 간다

음식이 신체로 간다면, 이야기는 마음으로 간다. 광고인은 이야기를 인상적으로 다듬고, 마케터는 그것을 보급한다. 변호사는 이야기를 믿을 만하게 만들고, 종교인은 그것을 미화한다. 우리는 스크린을 통해서나 책을 통해 이야기를 접하고, 그것이 여의치 않으면 직접 이야기를 만들어내기도 한다. 이것은 지극히 자연스러운 일이다.

우리는 본래 타고난 이야기꾼들이며, 그 기술은 우리의 유전자 안에 있다. 말하기를 배우면서부터 우리는 이야기하기의 기본을 습득한다. 다섯 살만 되어도 가벼운 속임수를 쓰거나 감언이설을 써서 자신이 원하는 것을 얻는다. 그런데 대부분의 사람들은 거기서 이야기하기를 멈추고 만다. 여전히 말은 계속하지만, 다른 사람들에게 큰 영향을 끼칠 만한 이야기 구조를 만들어내는 데는 크게 관심을

> **재미있는 이야기를 마다할 사람이 누가 있겠는가?**

갖지 않는다.

사실 이야기는 우리 삶에서 중추적인 역할을 해왔으며, 지도자나 선동가의 중요한 무기가 되어왔다. 윈스턴 처칠과 존 레넌의 공통점이 뭐라고 생각하는가? 에이브러햄 링컨과 마틴 루서 킹의 공통점은 무엇일까? 예수, 부처, 마호메트의 공통점은 또 무엇일까? 이들은 모두 이야기를 통해 사람들의 주목을 끌고, 관심을 집중시키고, 욕망을 타오르게 해서, 마침내 행동으로 옮기도록 만들었다.

그런데 이들은 결코 뭔가를 팔려는, 혹은 거래하려는 의도로 이야기를 이용하지는 않았다. 의도가 아니라 마음을 움직이는 것이 먼저였다. 중요한 것은 청중들의 생각과 마음에 당신의 메시지를 잘 증명하고 전달하는 것이다. 그러면 거래는 자연스럽게 성사된다.

당신이 지금 새로운 서비스를 도입하려 한다고 하자. 전망이 있고 잠재력이 커 보이는 서비스지만 영업부의 반발이 예상되는 상황이다. 어떻게 그들을 설득할까? 당신의 주장을 뒷받침하기 위해 갈릴레이의 이야기를 빌려보자. "갈릴레이가 지구가 둥글다고 말했을 때 사람들은 그를 미치광이로 취급했지요. 하지만······."

현재에 안주하지 않고 현실의 벽을 넘어서 새로운 비전을 갖자는 메시지를 전달하기 위해 이렇게 갈릴레이의 이야기를 인용할 수도 있다. 크리스토퍼 콜럼버스, 라이트 형제 또는 우주 비행사들의 이야기도 괜찮다. 그들이 꿈을 좇지 않았더라면 인류가 오늘날처럼 발전할 수 있었겠는가? 그들의 이야기는 리더십, 팀워크, 용기에 관해 당신이 전하고자 하는 메시지를 효과적으로 전달해줄 수 있다.

좋은 이야기는 빠르게 흐르는 시냇물에 징검다리를 놓고 건너가는 것과 같다. 시냇물은 문제점이고, 징검다리는 해결을 향해가는 길이다. 대체로 징검다리 돌은 세 개면 충분하다. 한쪽 냇가에서 프레젠테이션을 시작해, 시냇물 위에 놓인 세 개의 징검다리 돌을 밟으며 건넌 뒤, 반대편 냇가에 도착해 마무리하면 된다.

시작할 때는 한쪽 냇가에 서서 이야기의 골격을 잡고 요점을 말한다. 여기서 등장인물who, 배경이나 장소where, 시간when을 소개한다. 첫 번째 돌로 걸음을 옮기면서 문제점이나 딜레마, 곤란한 점들을 설명한다. 빠르게 흐르는 시냇물의 한가운데 있는 두 번째 돌로 옮겨가면서는 문제를 해결하기 위해 시도했던 한두 번의 실패 사례를 이야기한다. 그리고 세 번째 돌로 움직이면서 성공적인 해결책을 제시한다. 반대편 냇가에 발을 내딛으면서는 감정적인 면을 살려 마무리를 하면서 다시 한 번 요점을 짚어준다.

> **징검다리 건너듯 이야기하라.**

그러면 당신이 미래에 대한 비전을 제시를 할 때 청중들도 당신과 같은 상황에서 상상을 할 것이고, 당신의 이야기에서 배운 것을 응용해 문제를 해결하게 될 것이다. 끝으로 지금까지 들은 것을 청중들이 구체적으로 형상화해볼 수 있는 기회를 제공하라. 이렇게 말이다. "상상해보세요……", "미래의 당신에 대한 그림을 그려보세요. 그때는……", "다음에 이러한 상황이 닥치면……."

실제로 유능한 연설자나 강연가들은 이야기를 할 때, 가만히 서 있지 않고 이쪽에서 저쪽으로 움직인다. 그들은 앞 또는 옆에 다릿돌을 형상화해놓고, 그 부분을 이야기할 때는 거기에 해당하는 돌에 올라간다. 이러한 방법을 '아날로그 마킹analog marking'이라고 하는데, 전하려는 정보를 청중들의 마음속에 있는 특정한 부분과 연결해주는 효과가 있다. 그리하여 만일 연설자가 첫 번째 다릿돌이나 냇가에서 이미 얘기한 내용을 다시 언급하고 싶을 때 그 지점에 돌아가 서면, 청중들은 연설자와 함께 그곳으로 돌아가 거기서 들었던 내용을 다시 떠올리게 되는 것이다.

"실패란 없다. 단지 피드백이 있을 뿐이다"라는 메시지를 어떻게 전달할 것인가

냇가에서 나는 그림 같은 풍경의 한 시골 마을에서 농장을 하며 살고 있다. 나의 이웃은 말을 키운다. 주말이면 많은 사람들이 시골의 소리와 경치를 즐기러 도시에서 찾아온다. 그들은 담장 너머에 있는 말들에게 먹이를 주며 사진을 찍는다.

첫 번째 디딤돌 어느 토요일 아침에 이웃이 내게 말했다. "저 여행객들 때문에 아주 미칠 지경이야. 사진을 찍는 것은 그렇다고 쳐도, 말에게 먹이를 주면 안 되거든. 말은 채식 동물이잖아. 그런데 자꾸 핫도그, 햄버거, 먹다 남은 피자 같은 걸 던져주는 거야. 맙소사! 말들은 냄새만 조금 맡다가 이내 쳐다보지도 않지. 그러면 파리, 쥐, 개들이 꼬이지 않게 월요일 아침부터 부지런히 그 부스러기를 치워야 하는데, 그게 다 내 일 아닌가."

냇물의 중간에 있는 두 번째 돌 "그래서 '말에게 먹이를 주지 말 것'이라는 팻말을 세웠어. 그런데 문제는 더 심해졌다는 거야."

내가 대답했다. "당연하지. 말에게 먹이를 줄 생각이 없던 사람들도 이제는 그 팻말을 보고 '아, 말에게 먹이를 한번 줘볼까?' 하는 생각을 할 테니까."

"나는 그 팻말이 너무 강압적이어서 그런가 생각하고, '제발 말에게 먹이를 주지 마시기 바랍니다'라고 문구를 바꾸었어. 그런데 상황이 더 안 좋아진 거야."

"그렇겠지. 아무 생각 없이 운전하며 지나가던 사람들도 그 팻말을 보면 이런 생각을 할 텐데. '오! 저거 좋은 생각인데. 잠깐 들러서 할머니와 아이들이 말에게 먹이를 주게 해야겠어.' '제발'이란 문구를 보니 농부는 아주 점잖은 사람 같아. 크게 문제 삼지는 않을 거야'라고 말이야."

마지막 다릿돌에 올라서서 "닉! 나 좀 도와주게. 이제 어떻게 해야 할지 모르겠어. 포기야 포기." 이웃이 내게 말했다.

나는 종이에 몇 자 적어주면서 "팻말에 이렇게 적어봐"라고 했다. 그 뒤 여름이 끝날 때까지 그를 보지 못했다. 그러던 어느 날 저녁, 이웃은 내가 다니는 길에 트럭을 세워놓고 나를 기다리고 있었다. "닉, 그 팻말이 마술같이 잘 먹히던데."

지금도 그 길을 지나다 보면 팻말을 볼 수 있다. "저희는 오로지 당근과 사과만 먹어요."

건너편 냇가에 서서 만일 당신이 어떤 일에 실패했다면, 잠시 하던 일을 멈추고 점검을 해야 할 시간이 된 것이다. 자신이 무엇을 원하는지 파악하고, 계획을 세워 행동을 취하라. 그리고 제대로 진행되는지 점검하기 위해 외부로부터 피드백을 구하라. 당신이 원하는 것을 얻을 때까지는 행동에 융통성과 변화를 갖도록 하자.

미래를 바라보며 적절한 때 외부의 피드백을 받아들여 자신을 점검하고 변화해나간다면 얼마나 더 성공적으로 인생을 살 수 있을지 상상해보라.

42

상상력을 자극하는 프레젠테이션

프레젠테이션은 탄탄하면서도 간단명료해야 한다. 여담이나 주의를 산만하게 하는 이야기에 할애할 틈이 없다. 당신의 프레젠테이션을 아래에 제시한 열 가지 항목에 비춰 점검해보고, 모든 항목에 '그렇다'라고 대답할 수 있도록 최대한 수정하길 바란다.

1. 세 가지 물음에 대답할 수 있는가?: "그래서 어떻다는 거야?" "이제 어쩌라는 거야?" "나랑 무슨 상관인데?"
2. 핵심이 있는가? 핵심이 없는 이야기는 이야기가 아니다. 말하려는 핵심이 무엇인가?
3. 차별성이 있는가?(그저 또 하나의 평범한 이야기는 아닌가?) 재미있고 특이하고 흥미로운 이야기를 만들어라.
4. 감동적인가? 청중의 감정과 잘 연결되어 있는가?
5. 보여주기와 말하기를 동시에 하고 있는가? 순서대로 이야기를 나열하는 것 외에 사물을 어떻게 보고, 듣고, 느끼고, 냄새

말고, 음미하는지에 대해 설명하고 있는가? 최고의 효과를 얻으려면 최소한 몇 가지 감각에 관한 정보를 전달해야 한다.
6. 짧고 간결한가?
7. 열 살짜리 꼬마도 이해할 수 있는가?
8. 재미있나?
9. 진실하게 들리는가?
10. 특정한 사람이나 장소 또는 사물에 대해 지나치게 자세히 설명하지는 않았는가? 지엽적인 부분이 전체적인 이야기에 직접적으로 영향을 주지 않도록 유의해야 한다.

훌륭한 발표자나 강연가는 같은 이야기라도 더 재미있게 만들어, 청중들에게 깊은 인상을 남기고 동기를 부여한다. 상상력이란 오감을 통해 전해지는 정보들을 뒤틀어 다르게 파악하는 능력이다. 위대한 연설가와 커뮤니케이터는 이미지와 소리, 느낌, 향과 맛을 최대한 동원하여 청중의 상상력을 자극하는 능력이 있다.

당신의 일과 관련된 프레젠테이션을 준비해보자. 도표와 그래프가 있는 딱딱한 프레젠테이션이 아니라 상상력을 자극하는 이야기가 있는 프레젠테이션 말이다. 당신의 동료나 팀을 고무할 수 있는 이야기라면 어떤 것이라도 좋다. 이야기를 준비하는 데 도움이 된다면 인터넷이든 신문이든 가리지 말고 소재를 찾아 영감을 얻도록 하자.

이야기는 특히 모임이나 회합에서 친밀감을 얻는 데 유용하다. 이야기는 시각과 청각, 그리고 운동 감각을 동시에 자극하기 때문이다. 또한 이야기는 학습을 쉽고 빠르고 풍부하게 만든다. 정보가 이미 이야기로 포장되어 도착하므로 별도의 의식적인 처리 과정이 필요하지 않기 때문이다. 이야기를 전하는 사람을 신뢰하는 한, 그리고 그 사람의 이야기가 이치에 맞는 한, 청중의 상상력은 지금 듣고 있는 이야기를 두 팔 벌려 환영할 것이다.

프레젠테이션의 황금률

주목 Attention 처음부터 청중들의 이목을 사로잡는 것을 말한다. 필요에 따라서는 실질적인 장면을 보여줄 수도 있다. 가령 조직이 방향을 잃었다는 것을 보여주기 위해 안대를 착용한다든가, 주머니에서 손을 뺄 수 없어 30초 동안 낑낑거리는 척함으로써 예산 동결의 어려움을 보여준다든가 하는 식으로 말이다. 프레젠테이션을 인상적으로 시작할 수 있는 또 다른 방법은 자극적인 인용이나 어처구니없는 통계들, 그리고 충격적인 헤드라인을 활용하는 것이다.

관심 Interest 긍정적인 목소리에 담아낸 하나의 핵심적인 메시지를 의미한다. "오늘날 진보적인 사람들은 전에 ~했던 사람들로……"와 같이 긍정형으로 말해야지, "오늘날 진보적이지 않은 사람들은 예전에 ~하지 않았던 사람들이며……"처럼 부정적인 말을 사용하면 안 된다. 또한 이는 모든 것을 관통해야 한다. 프레젠테이션은 처음부터 끝까지 일관되게 당신의 주장이 옳다는 것을 증명해야 하기 때문이다. 프레젠테이션이 다음 세 가지 질문에 명쾌한 대답을 내놓을 수 있어야 한다는 사실을 늘 명심하자. "그래서?" "알게 뭐야?" "나랑 무슨 상관인데?"

욕망 Desire 여기서 욕망이란 청중들이 결정을 내리기 위해 알아야 할 실질적인 정보를 의미한다. 예컨대 가격, 시장 상황, 경쟁 현황, 타이밍, 지원, 영업 등 일의 진행 여부를 결정하는 것과 관련된 모든 정보를 가리킨다. 이 가운데 핵심적인 세 가지 정도에 집중하도록 하자. 청중들과 상호 작용을 할 수도 있고, 재미있는 일화를 들려줄 수도 있다.(단, 농담은 배제해야 한다. 모두에게 통하는 농담이 아닌 경우에는 반응이 나뉠 수 있기 때문이다.) 때로는 청중을 참여시키는 방식(누군가에게 단어나 숫자를 기억하게 한다거나 무엇을 하도록, 또는 하지 않도록 시키는 것)도 시도할 수 있다. 나의 스승 멀둔은 이를 위해 주로 연극적인 전달법을 사용했다. 걷다가 멈춰 서서 얼마간 얼어붙은 사람처럼 숨도 쉬지 않고 가만히 있는 것이다. 그의 움직임은 치밀했으며, 시종일관 청중들과 눈을 맞췄다.

마무리하기에 앞서 다시 한 번 핵심적인 메시지를 강조한다. 이를테면 "오늘 발표에서 기억해야 할 것은……"과 같은 식으로 말이다. 이것은 프레젠테이션을 안전하게 정리하는 검증된 방식이다.

행동 Action 마지막으로 청중들이 참여해 구체적인 행동으로 '현실화해보는' 상황을 만들어야 한다. 프레젠테이션의 핵심적인 사항을 적게 하는 것도 괜찮다. 그들로 하여금 어떤 행동을 취하게 유도하는 것이라면 무엇이라도 좋다.

사람들 앞에서 편안해지는 법

많은 사람들 앞에서 발표를 하거나 소통할 때 겪는 어려움은 자꾸 경험할수록 확실히 줄어든다. 물론 천성적으로 외향적인 설득가나 관리자들은 내성적인 분석가와 공상가보다 어려움이 덜하겠지만, 누구에게든 경험만큼 좋은 해결책은 없다. 문제는 대부분의 사람들이 그런 경험을 할 기회를 별로 갖지 못한다는 데 있다.

몇 해 전에 나는 한 TV 쇼에 게스트로 출연한 적이 있다. '가장 큰 두려움의 정체'라는 제목의 한 시간짜리 특별 방송으로, 무대공포증에 관한 내용을 다루었다. 프로듀서는 이를 위해 대중 앞에서 말을 해야 하는 직업을 갖고 있음에도 불구하고 그 일에 어려움을 겪고 있는 사람들을 미리 섭외해두었다. 거기서 내 역할은 그들에게 사람들 앞에 서는 공포감을 극복하는 방법을 알려주는 것이었다. 원래 다섯 명이 대상이었는데, 그중 세 명은 마지막 순간에 포기하고 말았다.

방송 촬영이 있기 전날, 나는 출연자 가운데 한 사람인 테레사를 만났다. 테레사는 심폐소생술 강사로 일하고 있었기 때문에, 각종 단체나 회사에서 인명을 구조하는 방법에 대해 가르쳐야 했다. 문제는 테레사가 많은 사람 앞에 서면 경직되어 말을 제대로 할 수 없다는 것이었다.

내가 테레사를 만나기 몇 시간 전, 방송국에서는 그녀가 낯선 사람들 앞에서 프레젠테이션하는 모습을 녹화했다. 완전히 패닉 상태에 빠져 있는 그녀의 모습은 보는 것조차 안쓰러웠다. 그녀는 사람들과 전혀 눈을 맞추지 못했고, 잔뜩 얼어서 어색한 미소만 짓고 있었다. 몇 마디 하지 않았는데도 입이 말라 침을 삼켜야 했고, 무릎에 힘이 빠졌는지 꼼짝 않고 서 있기도 했다. 결국엔 악몽과도 같은 일이 벌어졌다. 테레사는 머릿속이 온통 하얘져서 방송 중에 말을 멈추고 만 것이다.

나와 테레사는 한 시간이 넘도록 그 녹화 테이프를 되풀이해 보면서, 그녀가 토크쇼에 나와서 무슨 이야기를 해야 할지에 관해 논의했다. 처음부터 끝까지 대본을 같이 쓴 것은 아니고, 그녀가 이야기하려는 내용의 뼈대만 함께 잡아주었다. 그러나 중요한 것은 그런 게 아니었다. 나는 테레사에게 연설가로서의 잠재력을 끌어내는 데 도움이 될 만한 이런저런 방법을 소개하기 위해 더 많은 시간을 할애할 작정이었다.

"어떻게 이런 어려운 일을 하시죠?" 그녀가 물었다.

"간단해요. 저는 주어진 주제를 심도 있게 연구합니다. 연구하고 공부하지 않으면 다른 사람을 설득할 수가 없어요. 해결해야 할 주제에 대해 열정적으로 연구할 뿐, 불안해하거나 염려하지 않아요."

나는 테레사가 자신이 이야기할 내용을 열정적으로 준비할 수 있도록 동기를 부여해야 했다. "테레사, 당신은 인명을 구조하는 일을 하고 있어요. 될 수 있는 한 많은 사람들에게 심폐소생술을 알리는 게 당신의 임무이자 특권이라고요. 당신이 내일 이 프로그램에 출연함으로써 아마 많은 생명을 구하게 될 거예요. 당신이 심폐소생술에 대해 열정적으로 이야기하는 것을 들은 누군가는 위기 상황이 닥치면 용기를 내어 무언가를 하게 되겠죠. 그렇게 많은 사람들이 위기를 넘기게 될 것이고, 그들 중 상당수는 몇 주 이상 혹은 몇 년 이상의 생명을 얻게 되는 거죠. 당신이 그 복음을 전파해야 합니다."

테레사는 점차 자기 자신과 불안한 마음에 집착하는 내부 지향적인 태도에서 벗어났다. 그리고 타인의 생명을 지켜내는 데 도움을 주기 위해 무슨 얘기를 해야 할지를 고민하는 외부 지향적인 태도로 바꿔나갔다. 당황해서 어쩔 줄 모르는 자신의 모습을 떠올리기보다는, 청중들이 자신의 이야기를 잘 이해하도록 하려면 어떤 식으로 프레젠테이션을 준비해야 할지를 고민하는 데 상상력을 집중했다.

나는 테레사가 이야기의 뼈대를

> **❝** 다른 걱정은 하지 말고 자신의 메시지에 집중하라. 그러면 훨씬 쉽게 사람들에게 확신을 줄 수 있을 것이다. 먼저 당신의 메시지가 왜 중요한지를 알아야 한다. 그래야 가슴으로부터 우러나오는 말을 할 수 있다. **❞**

4부 사람을 끌어당기는 심리 대화법

만드는 데 도움을 주기 위해 프레젠테이션을 징검다리 건너는 일에 비유해가며 설명을 해주었다. 먼저 청중의 관심을 끌고 핵심 내용을 피부에 와닿게 전달할 만한 도입부를 만드는 것이 테레사가 우선적으로 해야 할 일이었다. 테레사는 간단한 질문을 던져서 청중의 이목을 집중시켰다. "여기서 CPR이 무슨 뜻인지 아는 분 있으신가요?"

청중이 손을 들도록 유도하기 위해 테레사는 자신의 손부터 들어 올렸다. 누군가가 손을 들고 대답을 하자, 테레사는 그 대답에 자신의 설명을 더해서 나머지 사람들에게 다시 한 번 정리해주었다. "맞습니다. CPR은 심폐소생술Cardiopulmonary Resuscitation을 의미하죠. 만약 지금 여러분 가운데 어떤 분이 쓰러진다 해도 저는 그분을 당장 살려낼 수가 있습니다. 심폐소생술을 잘 알고 있으니까요." 그녀는 자신 있는 표정과 말투로 얘기했다.

그녀는 전달할 메시지를 미리 세 부분으로 나누었다. 그리고 세 부분을 각각의 다릿돌에 배정한 다음, 여기에 뒷받침할 사실과 재미있는 이야깃거리를 추가해 메시지를 완성했다. 도입부에서 프레젠테이션을 시작할 때 던진 질문("CPR이 무슨 뜻인지 아는 분 있으신가요?")에 사람들이 손을 들고 대답하자, 테레사는 다시 청중에게 몇 가지 질문을 하면서 첫 번째 돌로 올라섰다.

그녀는 다음 다릿돌에서 무슨 말을 해야 할지를 머릿속에 분명히 그리고 있었다. 그래서 따로 메모를 할 필요도 없었고, 때가 되었다고 판단하면 침착하게 다음 단계로 넘어갈 수 있었다. 그녀의 상상력이 이번에는 발목을 붙잡는 장애물이 아니라, 스스로에게 도움이 되는 방향으로 사용된 것이다. 건너편 냇가에는 감동적인 결말이 기다리고 있었다. 테레사에게서 심폐소생술을 배워 자기 아버지의 목숨을 살린 대학교 행정 직원의 이야기였다.

우리가 갖고 있는 가장 큰 두려움은 때로 지나치게 풍부한 상상력이 만들어내기도 한다. 상상력은 의지나 이성, 논리에 반해 발휘될 때 언제나 승리하곤 한다. 당신은 이렇게 상상력의 노예가 될 수도 있지만, 반대로 그것을 아주 강력하고 자발적인 하인으로 만들 수도 있다. 자신의 상상력을 잘 조절할 수 있게 된다면 청중들의 상상력을 끌어들이는 데 집중할 수 있을 것이다. 그리고 이것이야말로 진정한 소통과 커뮤니케이션의 핵심이다.

성공은 당신이 맡은 일을 얼마나 잘 해냈는지에 달려 있는 것만은 아니다. 당신이 그것에 얼마나 많은 관심을 쏟았는지, 얼마나 사람들과 잘 소통하면서 메시지를 잘 전달했는지도 매우 중요하다. 많은 사람들과 소통하는 능력은 당신이 생각지도 못했던 성과와 자신감을 가져다줄 것이다. 사람들 앞에서 이야기하는 것이 임무의 문제가 아니라 열정의 문제라는 것을, 두려움의 문제가 아니라 연습의 문제라는 것을 기억하라.

프레젠테이션하기 5분 전

- **몸을 움직여라**
  정말 다행인 것은 몸과 마음이 같은 시스템 아래에서 움직인다는 것이다. 뒷주머니에 손을 찌른 자세로 수줍어하기는 어렵고, 팔다리를 활짝 펴고 점프를 하면서 불안함을 느끼는 경우도 거의 없다. 그러니 시작하기 전에 조용한 장소(화장실 같은 곳도 괜찮다)를 찾아서 온몸을 흔들어 보자.

- **누구나 무대 위에서는 떨린다**
  친근해 보이는 얼굴을 찾아라. 어디든 고개를 끄덕여주는 사람이 있게 마련이다. 신이여, 그들을 축복하소서. 그 사람들은 당신의 말에 고개를 끄덕이고 미소로 동의해줄 것이다. 그런 사람들은 언제나 청중의 5%는 된다. 서너 명 정도를 찾은 뒤, 좀 떨린다 싶으면 그 사람들에게로 시선을 돌리자.

- **사각 호흡법**
  프레젠테이션을 하기 전에 활용할 만한 것으로 마음을 진정시켜주는 간단한 호흡법이 있다. 천천히 넷까지 세면서 숨을 들이마신 다음, 숨을 멈추고 넷까지 센다. 그리고 넷까지 세면서 숨을 내쉰 다음, 숨을 멈추고 다시 넷까지 센다. 이 과정을 열 번 반복한다. 얕은 숨을 몰아쉬면 몸도 거기에 맞춰 급하게 반응하는 것처럼 숨을 천천히 들이쉬고 내쉬는 과정을 반복하다 보면 온몸이 차분하게 움직이게 된다. 천천히 호흡을 하면 당신의 몸은 "모든 것이 다 좋아"라는 메시지를 받아들여 긴장을 풀게 되는 것이다.
  익숙해졌다 싶으면 이번에는 여덟까지 세고, 그 다음에는 열둘까지 세

어본다. 일주일 동안 매일 몇 분씩만 연습하면 그렇게 할 수 있다.

- **멍해지는 순간의 위기 탈출법**

  항상 구명보트를 준비하고 있어야 한다. 경험이 많은 연설가들도 백지처럼 머릿속이 멍해질 때가 있다. 원인은 다양하다. 나 같은 경우에는 하루에 여러 번 강연을 할 때 이런 현상이 일어난다. 이 말을 앞에서 했는지 안 했는지 잘 기억이 나질 않는 것이다. 이럴 때를 대비해 언제든 한숨 돌릴 구석이 있어야 한다. 주로 나는 질문을 한다. 그날의 주제와 관련된 것들("…… 이런 경험 해보신 분 있으신가요?")도 유용하고, "지금까지 이야기한 내용 중에 질문 있으신 분 계신가요?" 같은 간단한 질문도 유용하다.

| 에필로그 |

"기회는 잡을수록 늘어난다."

　　축하한다. 당신은 고객이나 동료, 혹은 잠재 고객과 관계를 맺고 자신의 생각을 효과적으로 전달하는 데 필요한 많은 도구를 갖게 되었다. 이제 화룡점정을 위해 반드시 기억해야 할 마지막 한 가지가 남아 있다. 그것은 당신이 만든 관계 하나하나를 이 세상에서 가장 소중한 만남으로 대해야 한다는 것이다. 그 만남이 실제로 그런 관계로 발전할 수 있기 때문이다. 나 역시 경험을 통해 정말 그럴 수 있다는 사실을 절감했다.

　　몇 년 전, 당시 열네 살이었던 내 딸 케이트는 우리 동네에 새로운 아로마테라피 가게가 생겼다며 좋아했다. 그 가게는 우리 농장에서 16km 정도 떨어져 있었는데, 케이트는 한번 가보고 싶다면서 내게 데려다 달라고 했다. 케이트가 가게를 둘러보는 동안, 나는 주인인 알렉산드라와 이야기를 나누었다. 그녀는 이런 작은 상점을 열게 된 사연을 이야기하다가, 내게 무슨 일을 하느냐고 물었다. 그때는 내가 첫 번째 책을 출간한 직후였다.

그 다음 주에 알렉산드라가 내게 전화를 했다. 사람들을 모아 아로마테라피에 대해 소개하는 자리를 마련했는데, 그때 와서 내 책에 관해 20분 가량 강연을 해달라는 것이었다. 나는 그러겠다고 했고, 그녀의 지인들과 자연스럽게 연결되어 즐거운 저녁 시간을 보냈다. 모임이 끝나갈 무렵, 그중 세 사람이 사람들을 모을 테니 워크숍을 열어줄 수 있겠느냐고 물었다.

그들은 40명이 조금 넘는 인원을 모았고, 마을 호텔에 있는 홀을 빌려서 훌륭하게 워크숍을 마쳤다. 마침 그날 젊은 여성 참석자 한 사람이 사촌을 데리고 왔었는데, 2주 뒤에 그 사촌으로부터 전화가 왔다. 자신의 네트워크 그룹이 모두 70명인데, 세미나를 해줄 수 있겠느냐……. 물론 나는 세미나를 열었다. 그리고 그 세미나에 참석했던 한 사람이 회의를 기획하는 회사에서 일하고 있었고, 자기 회사에 나를 강사로 추천해주었다.

> 늘 기회를 열어두자. 언제 어디서 중요한 만남이 당신을 기다리고 있을지 모르는 일이다.

그로부터 2년 뒤, 나는 AT&T의 국내 판매 컨퍼런스에서 기조연설을 하는 강사가 되어 1,600명에 이르는 사람들 앞에서 강연을 하게 되었다. 그야말로 눈부신 성공을 거둔 것이다. 그때부터 줄곧 나는 성공가도를 달려왔다.

뜻밖의 기회가 성공으로 가는 길에 큰 역할을 해준 것은 사실이다. 하지만 그것만큼이나 중요한 것은 기회가 찾아왔을 때 내가 그것을 붙잡을 준비가 되어 있었다는 점이다.

  이 이야기의 교훈은 무엇일까? 단순하게 말하면 열네 살짜리 딸의 부탁을 거절하지 말라는 것이다. 중요한 인연이 어디서 만들어질지는 아무도 모르는 일이니까. 이 세상은 기회로 넘쳐난다. 그것을 자신의 것으로 만들기 위해 당신이 깨어 있다면 말이다.

즐거운 지식과 더 나은 삶   갈매나무의 경제경영, 자기계발서

적을 만들지 않는 대화법
사람을 얻는 마법의 대화 기술 56
샘 혼 지음 | 이상원 옮김 | 전미옥 감수
280쪽 | 12,000원

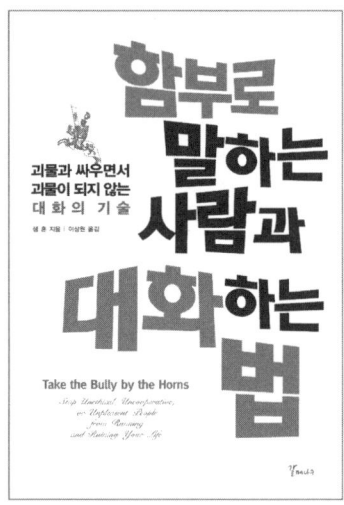

함부로 말하는 사람과 대화하는 법
괴물과 싸우면서 괴물이 되지 않는
대화의 기술
샘 혼 지음 | 이상원 옮김
264쪽 | 13,000원

백 마디 말을 이기는
침묵의 심리 게임
코르넬리아 토프 지음 | 장혜경 옮김
240쪽 | 13,000원

결정적 순간, 나를 살리는 한마디 말
나의 가치와 평판을 높여주는
순발력 카운슬링
마티아스 뇔케 지음 | 장혜경 옮김
280쪽 | 12,000원

생각의 빅뱅
새 시장을 여는 혁신가의 두뇌 작동법
에릭 헤즐타인 지음 | 이상원 옮김 | 유영만 감수
352쪽 | 15,500원

크리에이티브 마케터
시장은 찾는 것이 아니라 만드는 것이다
이문규 지음 | 224쪽 | 13,000원

완벽한 서비스를 만드는 대화의 기술
클레임 고객을 팬으로 만드는
고품격 서비스 대화법
강경희 지음 | 256쪽 | 13,000원

영업의 고수는 어떻게 탄생되는가
세일즈 전문가 45인이 털어놓는
최강 영업력의 비밀
마이클 달튼 존슨 지음 | 이상원 옮김
296쪽 | 14,000원

첫눈에 신뢰를 얻는 사람은 무엇이 다른가

초판 1쇄 발행 2012년 3월 15일
초판 3쇄 발행 2012년 5월 15일

지은이　니콜라스 부스먼
옮긴이　신현정
펴낸이　박선경

마케팅 • 박언경
표지 디자인 • 박진범
본문 디자인 • 김남정
제작 • 펙토리

펴낸곳 • 도서출판 갈매나무
출판등록 • 2006년 7월 27일 제395-2006-000092호
주소 • 경기도 고양시 덕양구 화정동 965번지 한화오벨리스크 1501호
전화 • 031)967-5596
팩시밀리 • 031)967-5597

isbn 978-89-93635-27-0/03320
값 13,000원

• 잘못된 책은 구입하신 서점에서 바꾸어드립니다.
• 본서의 반품 기한은 2017년 3월 31일까지입니다.